BENEDIKTINERSTIFT

ADMONT

Text von
Johann Tomaschek und Christoph Wagner

Mit 104 Farbbildern nach Photographien von
Gerhard Trumler

Herausgegeben von
Joachim Klinger

ÖSTERREICH IM BILD

Verlag Christian Brandstätter

INHALT

BENEDIKTINERSTIFT ADMONT

Admont ist mit seinen Besitzungen, Wäldern und Forsten das größte Kloster der Welt. Womit jedoch keineswegs gesagt sein soll, daß der Reichtum Admonts ausschließlich im Materiellen bestünde. Ganz im Gegenteil: Nur wenige österreichische Klöster haben mit soviel kultureller Tradition und einer vergleichbaren Dichte an außergewöhnlichen Kunstschätzen aufzuwarten.
Direkt vor dem majestätischen Kalkstock der Gesäuseberge gelegen, scheint Admont bereits in seinem Namen anzudeuten, daß es sich hier um ein Kloster im Gebirge handelt. Die Ableitung vom lateinischen „ad montes" — zu den Bergen hin — hat sich jedoch als wissenschaftlich unzutreffend erwiesen. Heute nimmt man vielmehr an, daß das Wort „Admont" auf eine alte slawische oder vielleicht sogar noch keltische Benennung dieser Gegend zurückgeht.
Die erste Erwähnung der Benediktinerabtei am Ufer der Enns findet sich in den Stiftsannalen aus dem Jahre 1074. Damals trat Erzbischof Gebhard von Salzburg, der eine ansehnliche Stiftung der hl. Hemma von Gurk zur Ausstattung des Klosters verwenden konnte, als Gründer des Stiftes in Erscheinung und errichtete das Kloster, ein vom Erzbistum weitgehend abhängiges benediktinisches Ordenshaus.
An Stiftsanlage und Stiftskirche lassen sich sämtliche Epochen der Kunstgeschichte anschaulich „nachblättern", von der 1121 geweihten romanischen Basilika über den im 13. Jahrhundert dem Langhaus angefügten gotischen Chor bis zur großen Barockisierung im 17. und 18. Jahrhundert, der wir vor allem die berühmte Admonter Stiftsbibliothek von Johann Gotthard Hayberger und Josef Hueber verdanken. Dieser prächtige Büchersaal gilt als „Achtes Weltwunder" und ist — unvergleichlich auch im Hinblick auf seine künstlerische Ausstattung — der größte klösterliche Bibliothekssaal der Welt.
Daß sich vom stilistischen Facettenreichtum der imponierenden barocken Klosteranlage — die Bibliothek einmal ausgenommen — heute nur noch rudimentäre Bestandteile erhalten haben, ist auf einen spektakulären Großbrand im Jahre 1865 zurückzuführen, bei dem ein Großteil der historischen Bausubstanz der Vernichtung anheimfiel.
Die heutige Stifts- und Pfarrkirche wurde erst ab 1866 im Stil der Neugotik, jedoch unter Weiterverwendung vieler romanischer und gotischer Bauelemente, neu aufgebaut.
Stilrein bis in die Gegenwart erhalten hat sich indessen die große kulturelle Tradition der Benediktinerabtei, die in ihrer geistesgeschichtlichen Wirkung schon im Mittelalter weit in den süddeutschen Raum hineinstrahlte. Das seit dem frühen 17. Jahrhundert bestehende Stiftsgymnasium genießt — weit über die steirischen Grenzen hinaus — seit eh und je einen außerordentlichen Ruf und führt so auch das Erbe der berühmten mittelalterlichen Admonter Schreibschule wie der in der Barockzeit ein-

Blick auf die Stiftskirche von Nordwesten, rechts der Turm der Amanduskirche.

gerichteten theologischen Lehranstalt bis in die Gegenwart hinein weiter. Einen nicht minder großartigen Ruf genoß im 17. und 18. Jahrhundert die Admonter Stickereischule, aus deren Werkstatt sich auch heute noch eine große Zahl bemerkenswerter Textilhandwerke in Stiftsbesitz befindet.

Seit jeher vermochte Stift Admont auch die großen Künstler der jeweiligen Epochen anzuziehen und zur Mitarbeit zu gewinnen, wobei vor allem der aus Graz stammende Bildhauer Joseph Stammel und die Familie Altomonte zu nennen sind.

Ungebrochen ist darüber hinaus die seelsorgerische Tradition der Benediktinermönche: Bis heute betreut Admont fast dreißig steirische Pfarreien.

DIE STIFTSGRÜNDER

Die heilige Hemma von Gurk

Die Gründungsgeschichte von Stift Admont ist unlösbar mit der hl. Hemma von Gurk verbunden, jener bemerkenswerten Frau der österreichischen Kirchengeschichte, die — als Stifterin zahlreicher Kirchen und Klöster — schon eineinhalb Jahrhunderte nach ihrem Tod, im Jahre 1045, als Selige verehrt wurde. Die Heiligsprechung wurde zwar bereits 1466 eingeleitet, aber erst 1938 durch Pius XI. abgeschlossen und mit der päpstlichen Approbation des Hemmakultes vollendet.

„Von Natur aus edel veranlagt und reich begabt", heißt es in einer Biographie der Heiligen, „erhielt sie auf dem elterlichen Burghof eine sorgfältige Erziehung, die neben der Verstandesbildung ganz besonders auf die Veredelung des Herzens gerichtet war."

Als Erbin einer der größten Besitzungen zwischen der steirischen Mark und Kroatien hätte die hl. Hemma auch nach dem frühen Tod ihres Mannes und ihrer Söhne zweifellos, wie in ihrer Gesellschaft üblich, ein aristokratisches Leben in vollen Zügen genießen können. Sie entschied sich jedoch dafür, ihre Güter in den Dienst der im 11. Jahrhundert mit besonderer Intensität keimenden „neuen Frömmigkeit" zu stellen. Als Stifterin der Kirchen in Grödnitz, Lieding, St. Radegund am Hohenfeld oder am Lorenzerberg ob Michelsdorf sowie verschiedener Gotteshäuser im Trixnertal bei Völkermarkt, vor allem durch die stets mit ihrem Namen verbundene, historisch aber außerordentlich schwer faßbare Gründung des Nonnenklosters und der Marienkirche zu Gurk ist die hl. Hemma berühmt geworden.

Auch im Stift Admont ist die hl. Hemma, die man vielleicht deswegen, weil sie von altersher als Helferin in Geburtsnöten angerufen wurde, auch als „christianisierte" Nachfolgerin der Fruchtbarkeitsgöttin Isis Noreia ansieht, heute noch allgegenwärtig. So findet man in der Admonter Stiftskirche einen eigenen Hemma-Altar mit einer fast lebensgroßen Statue der Heiligen, die hier in würdig-matronenhafter Witwentracht mit hoch aufgetürmtem, mittelalterlichem Kopfschmuck dargestellt ist. Eine Hemma-Statue aus neuerer Zeit steht auch in den Gartenanlagen neben der Kirche, und ein riesenhaftes Glasgemälde im Presbyterium des Münsters vergegenwärtigt dem Kirchenbesucher die größte Tat im Leben der Heiligen — die Schenkung der Güter an den Salzburger Erzbischof Baldwin.

Wenn schließlich auch noch die sonntäglichen Kirchenglocken zum Gottesdienst laden, scheint die hl. Hemma ebenfalls ihre Hand mit im Spiel zu haben, ist ihr doch eine eigene, weithin vernehmbare „Hemma-Glocke" geweiht.

Dennoch wäre es ein Irrtum anzunehmen, daß die Heilige an der Gründung Admonts unmittelbar beteiligt gewesen war. Mit einem Teil ihres beträchtlichen Vermögens schuf sie lediglich die materiellen Voraussetzungen für die Errichtung des Benediktinerstifts. Die eigentliche Initiative für dessen Gründung ging jedoch von Erzbischof Gebhard, einem der führenden Kirchenmänner des 11. Jahrhunderts, aus, der völlig verdienterweise seine letzte Ruhestätte unter dem Admonter Hochaltar fand.

Der „hl." Gebhard — Erzbischof von Salzburg

Das 10. Jahrhundert wird in der Kirchengeschichte immer wieder auch als das „dunkle Jahrhundert" bezeichnet. Das Papsttum — die späterhin so machtvoll ausgebaute Zentrale der kirchlichen Ordnung in Europa — befand sich damals an einem Tiefpunkt seines

Stiftskirche, Presbyterium. Glasfenster von Franz Pernlocher, 1895. Links: Hemma-Fenster. Rechts: Gebhard-Fenster.

Stiftsbibliothek. Codex E, folio 1v, dritter Band der „Admonter Riesenbibel“. Initiale F. Letztes Drittel 11. Jh. Gegenüberliegende Seite: Stiftskirche. Neugotische Westfassade mit den Sandsteinskulpturen der Kloster- und Ordenspatrone (von links: hl. Benedikt, hl. Blasius, hl. Scholastica).

Ansehens und seines Wirkens; die religiöse Entwicklung und das Geistesleben in den Ländern des „christlichen Abendlandes“ schienen weiterhin zu stagnieren, die Bischöfe und Äbte, die im Rahmen der ottonischen „Reichskirche“ vielfach nur als Staatsbeamte in Erscheinung traten, waren ebenfalls kaum als Träger einer künftigen religiösen Erneuerung anzusehen.

In dieser – besonders in den Augen der früh-neuzeitlichen Historiker – so düsteren Epoche entstand jedoch zu Beginn des 11. Jahrhunderts eine neue religiöse Innerlichkeit, die als „Geist von Cluny“ schon bald ganz Europa in ihren Bann schlug und wesentlich vom Geist des benediktinischen Ordens getragen war.

Ihm fühlte sich auch Erzbischof Gebhard verpflichtet, der die Geschicke der Salzburger Erzdiözese von 1060 bis 1088 lenkte. Gebhard, ein hochgebildeter und auch in der Staatskunst bewanderter Mann, vereinte, wie damals üblich, durchaus seelsorgliche Aufgaben mit staatspolitischen Ämtern. Noch bevor er den ebenso mächtigen wie begehrten Bischofssitz an der Salzach übernahm, war er im Jahre 1058 von König Heinrich IV. zum königlichen Berater ernannt worden.

Am 29. September 1074 zelebrierte Erzbischof Gebhard im Beisein des steirischen Landesfürsten und dreier bischöflicher Amtskollegen schließlich jenen festlichen Weihegottesdienst in der Klosterkirche, der für das junge Ordenshaus zugleich den Abschluß seiner Gründungsphase wie auch die Aufnahme des regulären klösterlichen Lebens bedeutete.

Die gedeihliche Entwicklung des Stiftes Admont war dem von den Ideen der großen kirchlichen Reformbewegung durchdrungenen Erzbischof auch weiterhin ein ganz besonderes Anliegen. Hier – in der Abgeschiedenheit der Ennstaler Alpen – versuchte er auf neuem Gebiet einer neuen Denkungsart zum Durchbruch zu verhelfen. Sein Ziel: Admont sollte – ähnlich wie das kurz zuvor von ihm gegründete Bistum Gurk in Kärnten – ein weiterer geistlicher Stützpunkt in der riesengroßen Salzburger Erzdiözese und darüber hinaus eine Stätte des feierlichen Gotteslobes und eines zeichenhaften christlichen Gemeinschaftslebens werden.

Die politische Situation seines Jahrhunderts brachte den hl. Gebhard bereits kurz nach der Admonter Gründung auf Konfrontationskurs mit der weltlichen Macht. Im „Investiturstreit“ zwischen Kaiser und Papst stellte sich der Erzbischof nach einigem Zögern auf die Seite des Papstes, was ihm in der Folge eine neunjährige Verbannung von seinem Bischofssitz eintrug. Erst 1086 durfte Gebhard wieder zurückkehren und starb bereits zwei Jahre später, am 15. Juni 1088, auf seiner Burg Werfen, von wo sein Leichnam in einem feierlichen Trauerzug nach Admont überführt wurde.

Womit ein Leben endete, das schon bald darauf von den Geschichtsschreibern in ausführlichen Biographien dargestellt und von zahlreichen Legenden umrankt sein sollte. Erzbischof Gebhard zählte nämlich gemeinsam mit den Bischöfen Altmann von Passau und Adalbero von Würzburg zu jenem Dreigestirn von streitbaren Kirchenfürsten, denen der süddeutsche Raum auch drei seiner wichtigsten Klostergründungen verdankt, die durchwegs von Sendungsbewußtsein und reformatorischem Geist getragen waren.

Von den drei Bischöfen erzählt man sich, daß sie einst als Studenten am Fuß des Göttweiger Berges gesessen seien und in geradezu visionärer Schau einander ihren künftigen Lebensweg kundgetan hätten: Alle drei waren davon überzeugt, Bischöfe zu werden und den Donauraum mit neuen Klostergründungen zu bereichern.

Ob diese Legende nun stimmt oder in den Bereich der frommen Fabel zu verweisen ist – fest steht jedenfalls, daß alle drei Bischöfe in der Verwirklichung ihrer angeblichen Jugendvisionen äußerst erfolgreich waren. Daß das 11. Jahrhundert die neuen Ideale innerlichen Gotterlebens und mönchischer Askese nicht nur in Frankreich, sondern nun auch im Alpenraum bereitwillig aufnahm, ist vor allem ihr Verdienst.

EIN BLICK IN DIE STIFTSGESCHICHTE

Die Schutzpatrone: Maria und Blasius

Erzbischof Gebhard war, wie wir wissen, ein vielbeschäftigter Mann. Um so sorgfältiger wählte er jene Männer aus, denen er den Aufbau des Klosters anvertraute, an dem ihm selbst wohl am meisten gelegen war. Also bestimmte er – nach dem Vorbild der zwölf Apostel – zwölf der verläßlichsten Mönche aus der Salzburger Abtei St. Peter und entsandte sie unter der Führung eines gewissen Arnold in jenes „Ademundi valle", das bereits 859 in einer bei Ranshofen ausgestellten Urkunde, die heute im Wiener Staatsarchiv aufbewahrt wird, erwähnt wurde.
Wo sich zwischen Admonter Reichenstein, Planspitze und Großem Buchstein das Tal zu einem weiten Bekken öffnet, begannen die Gottesmänner auf einer günstig gelegenen Geländestufe südlich der Enns mit ihrer mühsamen Aufbauarbeit. Die ersten Klostergebäude waren wohl von jener rohgezimmerten Einfachheit, die wir an der Wiege fast aller späterhin so überwältigenden Himmelsburgen finden. Das Gotteshaus wurde von seinem Gründer zu Ehren der Gottesmutter Maria und des Märtyrerbischofs Blasius geweiht. Im Laufe der Zeit verblaßt jedoch in den Urkunden das Marienpatrozinium, und immer häufiger wird der hl. Blasius als alleiniger Schutzpatron des Gotteshauses genannt.
Das Doppelpatrozinium des Märtyrerbischofs und der Gottesmutter ist jedoch im Laufe des Jahrhunderts im Stift Admont immer wieder auch in künstlerischer Weise in Erscheinung getreten. In der Innenausstattung der Kirche, auf Stickereiarbeiten und Glasgemälden, Holz- und Steinskulpturen sowie im Spiegelbild des Klosters wurden beide Schutzpatrone immer wieder von den unterschiedlichsten Künstlern dargestellt.
Ein wichtiger Beleg dafür, daß die Marienverehrung in Admont auch sonst eine bedeutende Pflegestätte fand, ist uns in einer der bemerkenswertesten gotischen Plastiken Österreichs überliefert. Die „Admonter Madonna", entstanden in der Zeit um 1330, befindet sich zwar heute im Landesmuseum Joanneum in Graz, eine gut gelungene Kopie des Kunstwerkes aus neuerer Zeit ist jedoch im Presbyterium der Stiftskirche zu sehen.
Wesentlich weniger alt und kunsthistorisch daher nicht so bedeutend ist die Blasiusstatue aus dem Jahre 1869. Sie stellt den Heiligen im Pontifikalornat mit Mitra und Stab sowie mit den charakteristischen zwei Kerzen dar, die auf den wohl noch ins Mittelalter zurückreichenden Brauch des „Blasiussegens" hinweisen. Er wird den Gläubigen auch heute noch alljährlich am Blasiusfest am 3. Februar gespendet und soll vor allem vor Halsleiden bewahren.

Links: Stiftskirche. „Admonter Madonna" im Aufgang zum Presbyterium. Kopie von Walter Neuböck, 1952. Das Original befindet sich seit 1937 in der Alten Galerie des Grazer Joanneums. Gegenüberliegende Seite: Stiftskirche, Hochaltar. Marmorstatue des hl. Blasius. Kopie von Josef Linser, 1895, des Originals von Jakob Gliber.

Antependium für die Vorderseite des Hochaltars, zum Schutzengelornat gehörig. Admonter Stickereischule, 1657. Bild des hl. Blasius.

Wie sehr der Blasiussegen — zumal in der Barockzeit — in Anspruch genommen wurde, beweist eine alte, im Stiftsarchiv verwahrte Papierhandschrift aus den Jahren 1695 bis 1781, in der über die im Stift hergestellten Blasiuskerzen exakt Buch geführt wird. In einer Aufzeichnung des Jahres 1781 liest man hingegen, daß der Umsatz an „Blasiuskerzen" — wohl im Zuge des Geistes der Aufklärung — allmählich zurückging. Immerhin wurden damals noch 12 Prälatenkerzen, 126 Priesterkerzen, 180 Fraterkerzen, 9 Ringe aus weißem Wachs sowie 223 gemodelte und 144 glatte gelbe Kerzen für den Blasiussegen verwendet.

Stiftsarchiv. Mittelalterliche Totenrotel, 1492—1496, mit den Wappen des Stiftes und des Abtes Andreas Stettheimer (1422—1466).

Konventgang. Hl. Blasius. Jakob Gliber, 1869.

Die Feuerprobe des Abtes Wolfold

Das benediktinische Ordensleben sollte in Admont nicht lange nur auf Männer beschränkt bleiben. Schon um 1120 gesellte sich dem Mönchskonvent außerhalb des Stiftsgebäudes auch ein Frauenkloster hinzu, das ebenfalls der benediktinischen Regel unterstand. Die Admonter Benediktinerinnen erwarben sich schon bald einen beachtlichen Ruf, besonders was ihre Arbeit in der Schreibschule betraf. Die literarisch tätige und später als Äbtissin in ein Kloster im Elsaß berufene Nonne Regilind aus der Mitte des 12. Jahrhunderts legt ein bemerkenswertes Zeugnis dafür ab, daß es zu den gebildeten „fratres literari“ in der Schreibstube des Männerklosters ein nicht minder gut ausgebildetes weibliches Gegenstück im Nonnenkloster gab.

Am Anfang dürfte das Zusammenleben von Mönchen und Nonnen am selben Ort freilich noch ungewohnt und daher nicht frei von Mißverständnissen gewesen sein. Abt Wolfold etwa, der die Geschicke Admonts von 1115 bis 1137 lenkte und aus St. Georgen im Schwarzwald stammt, kam offensichtlich wegen seiner — wie es scheinen konnte — allzu intensiven Fürsorge für den neu errichteten Frauenkonvent schon bald ins Gerede.

„Die Viper des Mißtrauens drückte ihren Giftzahn in die Herzen einiger Klosterbewohner“, heißt es in einer etwas blumig geschriebenen Darstellung der Stiftsgeschichte aus dem vorigen Jahrhundert. Die klösterliche Gerüchtebörse blühte, und dem von seinen eigenen Mitbrüdern beschuldigten Abt blieb über kurz oder lang nichts anderes übrig, als sich dem damals weitverbreiteten Brauch des Gottesurteils zu unterwerfen, um seine Unschuld zu beweisen.

Wolfold begab sich also zum nahen Eisenschmelzwerk am Planberg (einer der ältesten in der Steiermark dokumentierten Hüttenanlagen) und ergriff in Anwesenheit von drei Zeugen ein Stück glühenden Eisens, das er mit bloßen Händen aus dem Ofen hob und zum Himmel emporstreckte. Da seine Hände dabei unversehrt blieben, war der Ruf der Untadeligkeit des ins Zwielicht geratenen Abtes sofort wiederhergestellt.

Die anstrengende Feuerprobe war für Wolfold aber nicht die einzige aufsehenerregende Begebenheit in seinem Leben als Ordensmann und Abt. Es wird nämlich in den Annalen des Stiftes noch berichtet, daß er von einem ihm übel gesinnten Grafen gefangengenommen und zum Spott der Menge rücklings auf ein Pferd gebunden worden sei. Der adelige Herr wurde deswegen vom Erzbischof gebannt, doch Wolfold überlebte die Schmach nur kurz: Er starb am 1. November 1137 als ein, wie es in der Chronik heißt, „Muster der Standhaftigkeit“.

Dem Admonter Frauenkloster war — obwohl es späterhin kaum mehr zu größerer Bedeutung gelangte — doch noch ein mehr als tausendjähriger Bestand beschieden. Es fand erst um die Mitte des 16. Jahrhunderts sein Ende, als auch sonst zahlreiche Nonnenkonvente im Gefolge der Reformation erloschen.

Stiftsbibliothek. Codex 16, pagina 6, Bibelkommentare des Admonter Mönches (des späteren Abtes) Irimbert (1171—1177). Bildnis des Autors in Architekturrahmen. Spätes 12. Jh.

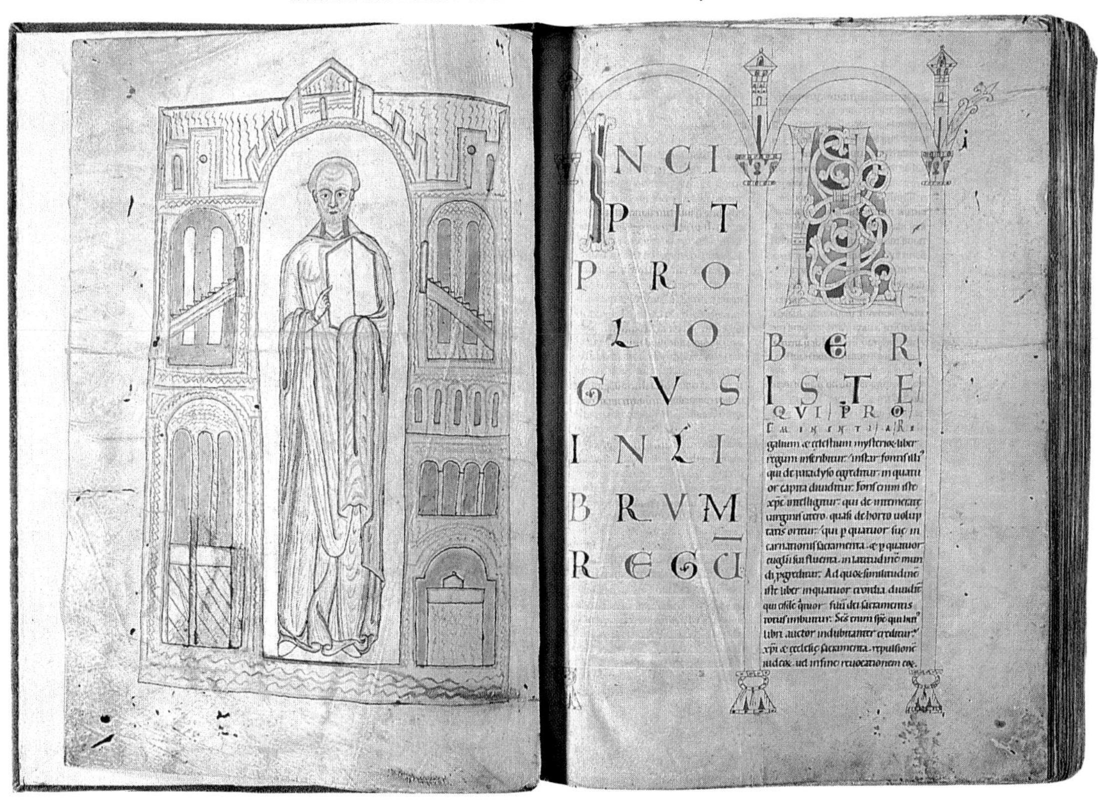

Ein Denker von Weltrang

Es war in der Zeit, als auch die bereits erwähnte „Admonter Madonna“ entstand und mit ihr, wie einmal ein Kunsthistoriker meinte, ein „Ausdruck überirdischen Schwebens“ über das Ennsstift kam.

Vielleicht ist es auch mehr denn purer Zufall, daß die Entstehung dieser ungewöhnlich künstlerischen Leistung in die Regierungszeit einer der ungewöhnlichsten Persönlichkeiten in der Admonter Stiftskirche fiel: 1297 wurde Engelbert Pötsch im Alter von 47 Jahren zum Abt gewählt und lenkte die Geschicke des Klosters bis 1327. Abt Engelbert gilt als einer der vielseitigsten Gelehrten seiner Zeit. Und mit seinem Namen ist nicht nur der Ruhm des Stiftes Admont als einer der großen Pflegestätten der Wissenschaft im mittelalterlichen Österreich verbunden, sondern auch die Einführung eines für die damaligen Zeiten hochmodernen Fürsorgewesens für die Klosterangehörigen, das dem Konvent ein gewisses Maß an Unabhängigkeit von seinen Oberen verschaffte.

Engelbert hatte in Prag und Padua Philosophie und Theologie studiert und dann, wie er einmal selbst meinte, sein „ganzes Streben darauf angelegt, die Urtexte ausfindig zu machen und zu studieren“. Engelberts Regierungszeit steht ganz und gar im Zeichen jener frühgotischen Mystik, die tief empfundene Frömmigkeit mit respektgebietender, ehrfurchtheischender Monumentalität zu vereinen wußte. Aus dem scheinbar Gegensätzlichen entstand so eine unmittelbare, berührende Ästhetik, die sich – bei allem Eigenleben – ihrer Einbettung in einen großen religiös-geistesgeschichtlichen Kontext bewußt war.

Abt Engelbert war als scharfsinniger Scholastiker ein hervorragender Kenner des Aristoteles, dessen Denkweise er sich weitgehend zu eigen gemacht und dessen Werk er in zahlreichen Pergamenthandschriften nach Admont gebracht hatte. Hier hat Engelbert dann im Laufe der Jahre mehr als vierzig gelehrte Abhandlungen verfaßt. Zu den wichtigsten und den meistverbreiteten Werken zählt etwa „De gratiis et virtutibus beate Marie virginis“, ein umfassendes Kompendium der Marienkunde, das freilich auch so manches Kuriosum aufweist – etwa die Behauptung, daß die Gottesmutter bei Empfängnis ihres Sohnes 31 Jahre, bei der Passion Jesu 64 und bei ihrem eigenen Tod 72 Jahre alt gewesen sei. Außerdem verfaßte Engelbert unter dem Titel „De musica“ ein die gesamte mittelalterliche Musiktheorie zusammenfassendes Standardwerk sowie mehrere staatsphilosophische Schriften, wie zum Beispiel „De regimine principum“ („Vom Fürstenregiment“) und „De ortu et fine Romani imperii“ („Ursprung und Ende des römischen Reiches“).

Unten: Stiftsbibliothek. Codex 37, folio 25v, lateinische Bibel. Beginn des Buches Exodus mit Initiale H. 2. Hälfte 13. Jh.
Gegenüberliegende Seite: Stiftsbibliothek. Codex 368, folio 1v, lateinisches Vokabular. Klosterschüler mit Personifikation der lehrenden Grammatica. 2. Hälfte 13. Jh.

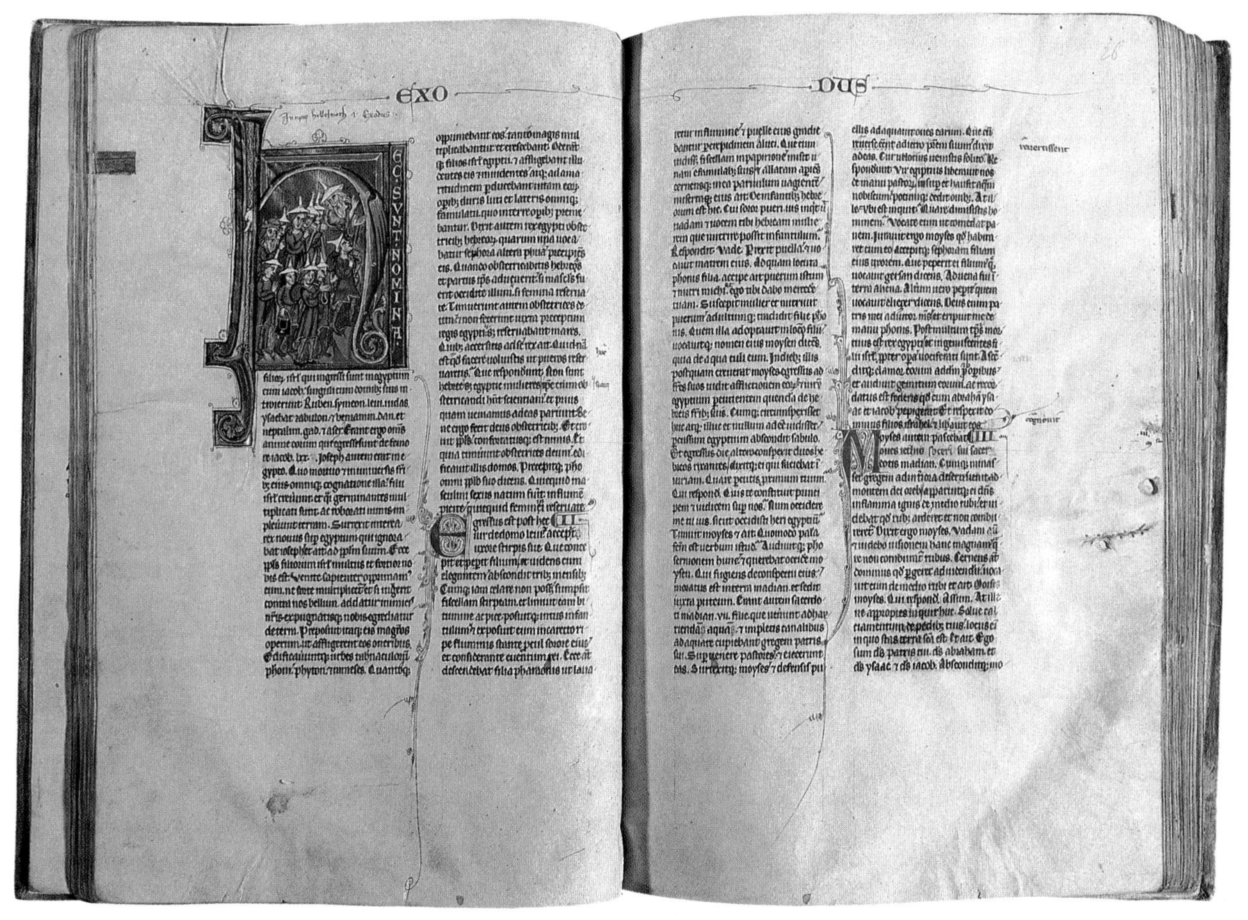

Südtrakt, Stiegenaufgang. Wappenstein von 1493. Links das Stiftswappen, rechts das Familienwappen des Abtes Leonhard von Stainach (1491–1501).

Reformation und Gegenreformation

Was das 10. Jahrhundert für die Kirche des Mittelalters – aus kritischer Distanz betrachtet – an Fehlentwicklungen mit sich gebracht hatte, sollte auch den späteren Jahrhunderten nicht erspart bleiben. Das römische Papsttum verlor sich häufig in luxuriösem Aufwand, Machtquerelen und inneren Streitigkeiten und büßte damit zusehends seine moralische Autorität ein.

Monumentale Bauwerke ersetzten vielfach eine echte religiöse Gesinnung und verbitterten das zum Großteil in erschreckender Armut lebende und unter dem Joch geistlicher wie weltlicher Unterwerfung in doppelter Abhängigkeit gehaltene Christenvolk.

Die Reaktion ließ nicht lange auf sich warten, sie ging bemerkenswerterweise von den führenden Schichten der Bevölkerung aus und äußerte sich in einer Unzahl neuer religiöser und sozialer Bewegungen, wie etwa in den Sekten der Franziskaner und Dominikaner. Die gewaltigste und nachhaltigste Bewegung entsprang jedoch dem reformatorischen Geist Martin Luthers, dem es gelang, weite Kreise der katholischen Bevölkerung, zunächst vor allem beim Adel und im Bürgertum, für sich zu gewinnen. Für die katholischen Klöster war diese Zeit in ganz Deutschland und Österreich eine Zeit der tiefen Krise. Priester und Ordensleute nahmen alsbald die neue Lehre an, Konvente wurden menschenleer, und die politischen Umstände – etwa die drohende Gefahr eines Türkeneinfalls – trugen zum Niedergang der Klöster bei. Admont machte da keine Ausnahme. Nachdem es für die Finanzierung der Türkenkriege ein Viertel seiner Besitzungen verkaufen und der kaiserlichen Kriegskasse zuschießen hatte müssen, gesellte sich zum Verlust an ökonomischer Substanz schon bald auch einer an religiösem Inhalt. Im Jahre 1580 belief sich der Personalstand von Admont nur noch auf zwei Benediktinerpatres. Das Stift war zutiefst verschuldet. Probst Polydor, der in einer abtlosen Zeit als Administrator fungierte, mußte sogar die admontischen Güter zu Mautern und Admontbühel verpfänden, um zu einem Darlehen von 36.000 Gulden zu gelangen.

Der Glaubenskampf in der Steiermark nahm im späten 16. Jahrhundert immer bedrohlichere Formen an, und die Fronten verhärteten sich. Die Pfarrer in den Gemeinden denunzierten die päpstliche Lehre als „Lumpenwerk, Teufelsgespenst und Schelmerei". Und wenn die katholische Obrigkeit versuchte, solche Pfarrer aus den Kirchen zu entfernen, so sah sie sich mancherorts mit einer bäuerlichen Streitmacht konfrontiert, die nicht zögerte, den lutheranischen Glauben mit „Wehren, Knütteln und Feuerhacken" zu verteidigen.

Doch der Reformation mit ihrer tiefgreifenden Umgestaltung des religiösen Denkens und der kirchlichen Strukturen folgte schon bald eine vom neu erstarkten Papsttum und von den katholisch gebliebenen Fürstenhäusern getragene gegenläufige Bewegung – und mit ihr geriet auch das ökonomische wie spirituelle Gleichgewicht der Admonter Benediktiner allmählich wieder ins rechte Lot. Die massive Unterstützung der katholischen Kirche durch das Kaisertum zeitigte schließlich auch Auswirkungen auf die äußere Gestalt der Stifte und Klöster. Der Sieg über die Reformation in Süddeutschland erlaubte es den katholischen Kirchenfürsten, sich wieder als Angehörige einer „Ecclesia triumphans" zu fühlen – ein neuerlangtes Selbstwertgefühl, das sich schon bald in der überladenen Pracht barocker Monumentalbauten äußern sollte.

Die Phase der Wiedererlangung alten Selbstbewußtseins in erneuter Gestalt ist in Admont untrennbar mit der Person des Abtes Urban Weber verbunden, der auch als einer der ersten großen neuzeitlichen Bauherren in die Stiftsgeschichte eingegangen ist.

Es war dem Abt, der die Leitung des Stiftes 1628 übernahm, jedoch durchaus bewußt, daß man eine neue Kirche nicht nur auf steinernen, sondern auch und in erster Linie auf neuen geistigen Fundamenten errichten muß. Aus diesem Grund reorganisierte er 1644 das als „Lateinschule" schon längst bestehende Admonter Gymnasium nach dem Vorbild der Jesuitenschulen und gab damit dem religiösen Erneuerungsprozeß einen weiteren Impuls.

Und nicht zuletzt auf Grund dieser Denkungsart florierte in Admont der Kunstbetrieb. Abt Urban gelang es, einige der profiliertesten steirischen Künstler, wie

Links oben: Wappenstein des Abtes Urban Weber (1628–1659).
Rechts oben: Stift Admont zur Zeit des Abtes Raimund von Rehling (1659–1675). Kolorierte Zeichnung.

Unten: Plan für eine Neugestaltung der Klosteranlage. Kolorierte Zeichnung, um 1644.

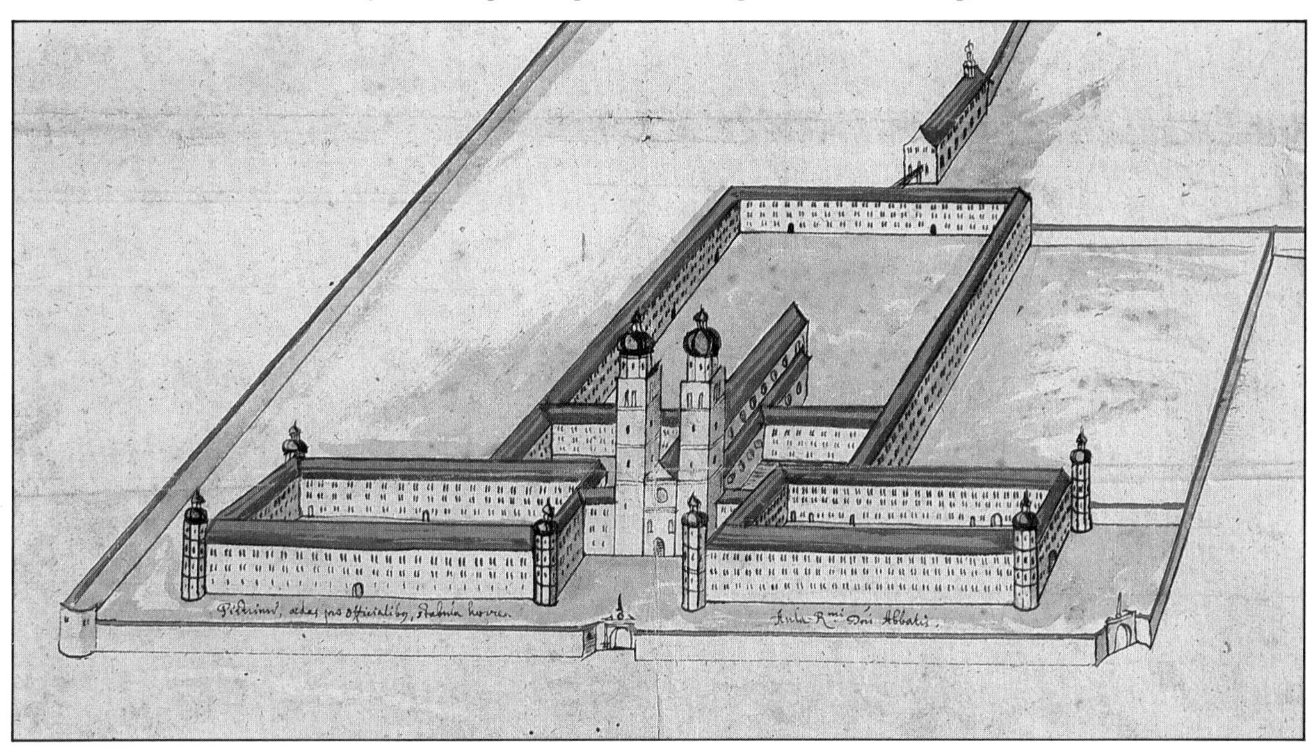

etwa den Bildhauer Georg Remele, den Maler Johann Hornstein oder den Organisten Bartholomäus Grill, an das Stift zu binden. In Urban Webers Regierungszeit fallen auch große Umgestaltungen an der Wallfahrtskirche in Frauenberg sowie die Erbauung des Schlosses Röthelstein.
Als Abt Urban am 3. Jänner 1659 im Admonter Hof zu Graz starb, hatte sich das Erscheinungsbild der Admonter Abtei in beachtlichem Ausmaß geändert. Das Stiftsgebäude hatte einen mit einem Marmorfußboden versehenen „steinernen Saal" als würdigen Raum für die Gestaltung klösterlicher Festlichkeiten dazubekommen. Für den mittlerweile schon mehrere tausend Bände zählenden Bücherbestand ließ der baufreudige Prälat einen 111 Fuß langen Bibliothekssaal errichten, der dann freilich im folgenden Jahrhundert einer noch großartigeren Schöpfung weichen mußte.
Die endgültige Umgestaltung der alten Klosteranlage zu einem barocken Monumentalbauwerk wurde nämlich um 1740 eingeleitet, einem Zeitpunkt also, zu dem man in den ober- und niederösterreichischen Stiften die großangelegte Bautätigkeit längst abgeschlossen hatte, in den Klöstern der Steiermark aber noch ein deutlicher Nachholbedarf bestand. Diese Pläne standen in Admont unter keinem guten Stern. Neben bautechnischen Problemen von unvorhergesehenem Ausmaß machte sich späterhin auch eine Erschöpfung der Klosterkasse bemerkbar, und der mittlerweile kräftig keimende Geist der Aufklärung stand natürlich einem solchen Vorhaben mit einer grundsätzlichen Skepsis gegenüber. Die Folge davon blieb nicht aus: Die mit gewaltigem Kostenaufwand projektierte barocke Anlage sollte letztlich ein Torso aus einem Alt- und einem Neugebäude bleiben.

Stiftsansicht aus dem Jahre 1705. Votivbild des Abtes Anselm Luerzer für die Wallfahrtskirche Frauenberg. Unbekannter Maler. Am oberen Bildrand: Frauenberger Madonna, hl. Blasius, hl. Florian.

Idealplan für den Neubau des Stiftes von Johann Gotthard Hayberger. Kolorierte Federzeichnung auf Pergament, um 1734.

Ein Baumeister und ein Bildhauer
Die Admonter Baugeschichte könnte ohne zwei Namen niemals geschrieben werden. Der Architekt Johann Gotthard Hayberger und der Bildhauer Joseph Stammel haben dem Admonter Benediktinerstift ihren Stempel so unverkennbar aufgeprägt, daß er — trotz der großen Brandkatastrophe im Jahre 1865 — bis heute ungebrochen erkennbar ist.
Nachdem im Frühbarock bereits namhafte Architekten wie Domenico dell'Allio oder Carlo Antonio Carlone von den Admonter Äbten mit dem Entwurf eines neuen Stiftsgebäudes beauftragt worden waren, blieb es Gotthard Hayberger vorbehalten, die — wohl in ganz Europa — kühnste Vision einer barocken Klosteranlage zu entwerfen.
Hayberger kannte selbstverständlich die meisten süddeutschen Klöster wie etwa St. Florian, Melk oder Kremsmünster. Auf der Basis eines umfassenden architektonischen Wissens legte er seinen Bauherren eine — in ihrer Finanzierung gewiß illusionäre — Idealplanung für einen Neubau der gesamten Klosteranlage unter Beibehaltung der alten Stiftskirche vor. Darin finden sich manche Parallelen zum spanischen Escorial und damit auch zu Stift Klosterneuburg sowie verschiedenen Prandtauer-Planungen. Um Haybergers Vorstellungen auch nur einigermaßen verwirklichen zu können, hätte jedoch das gesamte nach Norden zur Enns hin abfallende Gelände um bis zu zehn Meter angehoben werden müssen. Immerhin hätte der geplante Hayberger-Bau in seinen Ausmaßen von 368:169 Metern sämtliche Klosteranlagen dieser Welt einschließlich des Escorial und sogar die kaiserliche Residenz des Schlosses Schönbrunn an Ausdehnung in den Schatten gestellt. Es blieb also bei der Verwirklichung einer reduzierten Variante, in deren Mittelpunkt vor allem die heute noch erhaltene Kolossalbibliothek stand. Hayberger hatte im übrigen sowohl seine Fähigkeiten als planender Architekt wie auch als führender Baumeister eindeutig überschätzt. Als sich die bautechnischen Probleme häuften und sogar ein ganzer viergeschossiger Trakt völlig abgetragen und mit enormen Kosten neu aufgebaut werden mußte, sah man sich im Stift genötigt, den glücklosen Architekten zu entlassen und den gebürtigen Wiener Josef Hueber mit der Leitung der weiteren Bauarbeiten zu betrauen. Hueber hat in der Folge auch eigene Pläne vorgelegt, sich jedoch im großen und ganzen an das vom reduzierten Hayberger-Plan vorgegebene Grundkonzept gehalten.
Was Hayberger für die Oberflächenstruktur des Stiftsneubaus war, ist der Bildhauer Joseph Stammel für seine Tiefenstruktur gewesen. Während Hayberger als gebürtiger Grieskirchner und maßgeblicher Mitgestalter der Steyrer Stadtarchitektur sowie als später

Vollender des Stiftes St. Florian in seinen Wurzeln dem „Lande ob der Enns“ zugeschrieben werden muß, so entstammt Stammel dem steirischen Kulturkreis. Er wurde 1695 in Graz als Sohn des aus Bayern eingewanderten Bildhauers Johann Georg Stammel geboren und scheint sich seinen reichen beruflichen Erfahrungsschatz zu einem guten Teil auch in Italien erworben zu haben. Als „weitberuembter hochlöblicher herr bildhauer von Graz“ kehrte er nach mehrjährigem Studienaufenthalt in die Steiermark zurück und diente, vermutlich ab 1726, nicht weniger als vier Jahrzehnte bis zu seinem Tod der Admonter Abtei als Stiftsbildhauer. Dort wurde dieser Meister der tiefempfundenen und fein ziselierten Skulptur als „famosus statuarius in monasterio nostro“ nach seinem Tod im Jahre 1765 beigesetzt.

Bibliothekssaal, Mittelraum. „Der Himmel“ aus dem Zyklus „Die vier letzten Dinge“. Joseph Stammel, 1760.

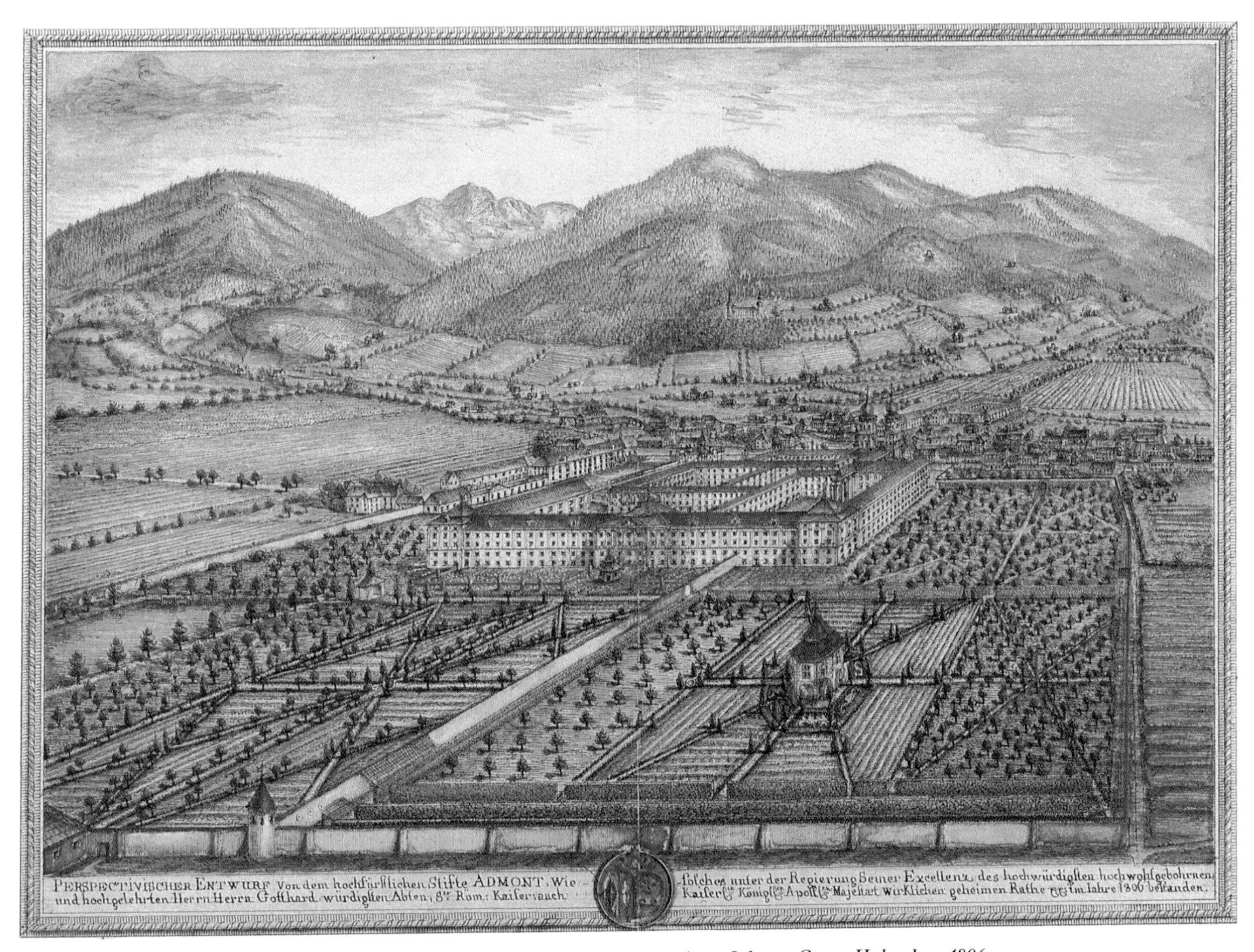

Perspektivische Stiftsansicht vom Stiftsbaumeister Johann Georg Habacher, 1806.

Ein Abt und sein Museum

Das Grazer Joanneum ist eines der bedeutendsten Museen und eine der vielseitigsten Kunstsammlungen Österreichs. Und wären da nicht zwei Menschen gewesen, die es mit viel Umsicht und Zielstrebigkeit aufgebaut hätten, so würden wir heute wohl nicht mehr im Besitz zahlloser wertvoller Kunstschätze sein. Der eine dieser beiden Gründerväter ist kein Geringerer als der steirische „Nationalheilige" Erzherzog Johann, der andere ist — wie könnte es anders sein? — ein Admonter Abt gewesen. Gotthard Kuglmayr, der die Geschicke des Klosters an der Wende vom 18. zum 19. Jahrhundert, und somit in den für ganz Europa spürbaren Wirrnissen der napoleonischen Zeit, unter seinen Fittichen hatte, verstand seinen Beruf im positivsten Sinne als Lehramt. So konnte er den Säkularisierungsbestrebungen Kaiser Josephs II. insofern entgegenarbeiten, als er bewies, daß Klöster keineswegs nutzlose Institutionen sein müssen, wenn man sie nur wirkungsvoll in den Dienst der Gemeinschaft stellt.
Das tat Kuglmayr, indem er das für eine Zeitlang nach Leoben verlegte Stiftsgymnasium wieder nach Admont zurückholte und darüber hinaus in seinem Stift eine philosophische und theologische Lehranstalt errichtete. Als Volksbildner im besten Sinne des Wortes baute er Admont somit zum größten Bildungszentrum der Steiermark nach der Landeshauptstadt Graz aus und nahm damit in gewisser Weise den „Gesamtschulgedanken" unseres Jahrhunderts vorweg. Neben dem Gymnasium bestand hier nämlich auch eine schon 1777 gegründete Normalhauptschule, der wiederum eine Lehrerbildungsanstalt angeschlossen war. Einige der Admonter Benediktinerpatres besetzten damals auch wichtige Lehrkanzeln an der Grazer Universität. Womit sich Admonter Kulturbewußtsein und Bildungsbeflissenheit gleichsam wie in konzentrischen Kreisen über die ganze Steiermark ausbreiteten. Im Alltagsleben hatte es Gotthard Kuglmayr, der auch ein vielgerühmtes Stiftstheater mit aufwendiger Bühnentechnik errichten ließ, freilich mit wesentlich weniger hochgeistigen Dingen zu tun. Während der Franzosenkriege wurden mehrere zu Admont gehörende Kirchen und andere Gebäude zu wahren Auffanglagern für versprengte Franzosenhorden. In St. Michael etwa wurde der Pfarrer gezwungen, drei Wochen hindurch 250 Offiziere zu verpflegen. Und die

Oben: Portrait Abt Gotthard Kuglmayrs (1788–1818). Unbekannter Maler, um 1800.

stiftseigenen Schlösser Strechau und Röthelstein wurden in Gefangenenlager umgewandelt.
Nach den Schrecken der napoleonischen Kriege trat allmählich wieder Beruhigung ein. Admont blieb jedoch auch weiterhin eine beliebte Durchgangsstation für Feldmarschalle, Kriegsherren, Aristokraten und gekrönte Häupter, zu denen 1812 sogar das Kaiserpaar selbst zählte, das mit Ferdinand III., Großherzog der Toskana, Prinz Anton von Sachsen und einem Hofstaat von 60 Personen angereist war und in den ansonsten friedlichen Klosteralltag für einen Tag und eine Nacht einige Bewegung brachte.
Trotz seiner unbestreitbaren Verdienste schied Abt Kuglmayr auf Grund einer Mißstimmung von der Leitung des Klosters. Wegen schwerwiegender wirtschaftlicher Mißgriffe und der immer offener zutage tretenden Finanzmisere des Stiftes erließ der Kaiser am 9. Jänner 1818 die Verfügung, daß Abt Gotthard in den Ruhestand zu treten habe.
Kuglmayr, der seinen Lebensabend im Grazer Admonter Hof zubrachte, hinterließ seinem Nachfolger ein schweres Erbe. Der Gefahr einer durchaus möglich scheinenden Aufhebung konnte das Stift zwar entgehen, doch bedurfte es in der Folge einer angestrengten Sanierungstätigkeit von mehr als zwanzig Jahren, bis der vielgliedrige Wirtschaftskörper wieder auf festen Beinen stand.

Unten: Das Stift Admont. Aquarell von Franz Barbarini, 1837.

Der Brand

Die Rettung des Stiftes Admont aus einer der – durch die Zeitumstände entscheidend mitbedingten – größten Wirtschaftskrisen seiner Geschichte ist aufs engste mit dem langjährigen Wirken des Abtes Benno Kreil verbunden, dem es durch ein wohldurchdachtes und energisch durchgezogenes Sanierungskonzept gelang, die Passiva des Stiftes, die 1824 bereits 900.000 Gulden betrugen, im Laufe der Jahre abzutragen und dem Konvent wieder eine positive Bilanz vorzulegen. Kreil, der zuvor als Gymnasial- und Hochschullehrer in Graz tätig gewesen war und sich das Rüstzeug für die Administrationstätigkeit erst unmittelbar vor seinem Amtsantritt erwerben mußte, verstand es im Laufe seiner Regierungszeit auf bemerkenswerte Weise, wirtschaftliches Denken und humanistische Gesinnung miteinander zu verbinden. Nach dem Tode Abt Bennos konnte das Stift somit wieder als ein in jeder Hinsicht prosperierendes Ordenshaus gelten – und stand dennoch zwei Jahre vor der verheerendsten Katastrophe der gesamten Stiftsgeschichte.

Es war Abt Carlmann Hieber, der dieses schwere Kreuz zu tragen hatte, das der Stiftshistoriker und Augenzeuge Jakob Wichner in bewegenden Worten so beschrieb: „Seit dem Brande des Jahres 1152, welchen die Feder des Gelehrten Irimbert so eingehend schilderte, hat die gefrässige Flamme mehrmals das Haus des hl. Blasius zu vernichten bedroht. Allein das Unglück des Jahres 1865 überbot alle bisher über Admont hereingebrochenen Drangsale an Graus und Schrekken. Am 27. April hatte der Frühling alle seine Reize über der Landschaft entfaltet; alle Herzen schlugen in freudiger Stimmung; da loderte am Abend gegen fünf Uhr die Flamme aus dem Nebengebäude eines Marktbürgers. Die anhaltend warme Witterung hatte das Holzwerk der Dachungen ausgetrocknet, und ein plötzlich sich einfindender Nordwestwind trug die Feuergarben schnell auf die Nachbarhäuser. In kurzer Zeit standen beide Häuserreihen von der Mitte des Marktes an bis zur Stiftskirche und auch die alte Amanduskirche in ein Feuermeer gehüllt."

„Das Stift brennt!" – dieser Schreckensruf tönte bald durch die in den Anfängen des Feuerwehrwesens nur notdürftig mit wirkungsvollem Löschgerät ausgestattete Ortschaft. Es dauerte nicht lange, da standen bereits zwanzig Häuser mitsamt den dazugehörigen Wirtschaftsgebäuden in Flammen, die bald danach auf die Barbarakapelle, die Kaiserzimmer, die Prälatur und schließlich auf das Dach der Kirche übergriffen. Schon nach kurzer Zeit stürzte das Gewölbe über dem Hauptschiff der Kirche in sich zusammen und vernichtete die berühmte Chrismannorgel mitsamt dem Musikarchiv sowie die ganze hölzerne Innenausstattung von der Kanzel bis zum Hochaltar. Die Glocken in den Stiftstürmen barsten. Die größte davon schnellte mit ihrem Gewicht von 95 Zentnern nach einem tiefen Sturz durch den Glockenturm zu Boden. Vieles von dem, was wissenschaftlicher Forschergeist in jahrhundertelanger Arbeit an botanischen Sammlungen zusammengetragen hatte, wurde ebenso ein Raub der Flammen wie das Refektorium, der Steinerne Saal, das

Admont (Markt und Stift) nach dem Brand vom 27. April 1865. Lithographie mit Tondruck.

Haustheater und die Schulkapelle. Der Schaden wurde damals mit 800.000 Gulden beziffert. In Wahrheit handelt es sich jedoch um unermeßliche, zumal nie wieder beschaffbare Werte, die da der Menschheit verlorengingen.

Wenn man Stiftshistorikus Wichner Glauben schenken darf, so verhielten sich bei den Lösch- und Rettungsarbeiten nicht alle Beteiligten wirklich vorbildhaft: „Da gab es Leute, welche gleichgiltig, gefühllos oder wohl gar mit schlecht maskirter Schadenfreude den Ruin einer Abtei, welche Cultur und Bildung weit in das Land getragen, ohne eine Hand zu bewegen, wie ein Schauspiel betrachteten; Andere, welche schon geborgene Gegenstände, und sei es nur ein griechisches Vocabular, sich aneigneten; Und andere, welche, ohne zu arbeiten, in dem den Helfern verabreichten Wein participirten und betrunken das Weite suchten. Fünf Personen, darunter der ehrenhafte Buchbinder Stocker, fanden den Tod in den Flammen; eine Person erstickte."

Die Anstrengungen, das Feuer zu löschen, hatten sich – wohl mit gutem Grund – schon bald auf das Bibliotheksgebäude konzentriert. Um die darin lagernden bibliophilen Kostbarkeiten von wahrhaft unschätzbarem Wert zu retten, mußte man wohl oder übel in Kauf nehmen, daß darüber eine der weitläufigsten barokken Klosteranlagen Österreichs zum großen Teil in Schutt und Asche fiel. Die Stiftsbibliothek gibt indessen heute noch ein ebenso beredtes wie stimmungsvolles Bild von einem Admont, das uns ansonsten nur noch von alten Kupferstichen und Gemälden bekannt ist.

Blick auf die Stiftskirche von Süden. Augustin Maria Kurtz-Gallenstein, 1901.

Der Wiederaufbau
Nach dem Brand schlug den Benediktinermönchen und der schwergeprüften Marktgemeinde nicht nur in der Steiermark, sondern in ganz Österreich eine allgemeine Woge der Hilfsbereitschaft entgegen. Schon bald wußte man mit Wilhelm Bücher einen Architekten an der Hand, der sich dafür aussprach, das Münster nach dem Vorbild des Regensburger Domes im Stil einer streng historisierenden Gotik neu zu errichten, die Stiftsgebäude aber nach den Planungen des 18. Jahrhunderts wiederherzustellen. Schon im August 1866 hatten 100 Arbeiter und 30 Steinmetze die Bauarbeiten an der Kirche mit Ausnahme der Türme vollendet. Im Jahre 1868 wurden schließlich die demolierten Türme endgültig abgetragen, wodurch auf den alten Fundamenten der Aufbau des neuen Südturms in Angriff genommen werden konnte. Abt Carlmann, den ein Zeitgenosse als „eine imposante und anziehende Erscheinung von hünenartiger Gestalt und majestätischer Ruhe" bezeichnete, hatte noch die Weichen für die Zukunft Admonts so gestellt, daß er in Frieden im genannten Jahr von der Bühne der Admonter Klostergeschichte abtreten konnte. Bei der Weihe seines neuen Münsters dabeizusein, war dem Prälaten allerdings nicht mehr vergönnt. Das neue Blasiusmünster, das immerhin noch mehrere Versatzstücke der versunkenen Herrlichkeit — etwa die berühmte Immaculata Martino Altomontes aus dem Jahre 1726 — in die neugotische Struktur integrieren konnte, wurde am 12. September 1869 unter Abt Zeno Müller vor 3000 Festgästen vom damaligen Fürstbischof Dr. Zwerger feierlich eingeweiht.

Ein Stift in zwei Weltkriegen
Wie bereits die Pläne von Gotthard Hayberger, so sollten auch jene von Wilhelm Bücher niemals zur Gänze ausgeführt werden. Der Wiederaufbau nach 1865 blieb ebenfalls bis heute ein Torso. Weder der geplante Verbindungstrakt zwischen Prälatur und Kirche noch der geplante Quertrakt durch das Rosarium wurden jemals ausgeführt. Dazu mangelte es den Admonter Benediktinern zunächst an Geld, und als man die dafür nötigen Mittel nach 40jährigem Bemühen endlich beisammen hatte, vereitelte der Ausbruch des Ersten Weltkrieges abermals die Verwirklichung des Bauvorhabens.
Nach Kriegsende gelangte auch Admont in den Sog dieser „letzten Tage der Menschheit" und schlitterte, ebenso wie das übrige Österreich, in den von Wirtschaftskrisen heimgesuchten dreißiger Jahren an den

Rand des Bankrotts, den Abt Bonifaz Zölß nur mit Hilfe zahlreicher Verkäufe aus dem Stiftseigentum verhindern konnte. Die von ihm eingeleitete Konsolidierung der Stiftsfinanzen sollte den Benediktinern jedoch nicht allzu lange moralischen Auftrieb geben: Der „Anschluß" an Hitler-Deutschland brachte – unter einem völlig haltlosen Vorwand – die Aufhebung der Abtei mit sich, deren Verwaltung schon 1938 von den neuen Machthabern einem SS-Sturmbannführer übertragen wurde.

Nach 1945: Eine neue kulturelle Blütezeit

Nach dem Ende des Zweiten Weltkrieges war es zunächst für das nach 1945 an den Orden zurückgegebene Stift alles andere als leicht, sein Wirken in den angestammten Tätigkeitsbereichen wieder aufzunehmen. Anknüpfungspunkte fanden sich überall dort, wo Admont schon im Verlauf der vorangegangenen Jahrhunderte am erfolgreichsten war – nämlich auf dem Sektor von Kultur und Bildung.

Es ist besonders Abt Kolomann Holzinger zu verdanken, daß dieser während seiner langen Regierungszeit von 1956 bis 1978 durch unermüdliche Aufbauarbeit dazu beigetragen hat, Admont wieder dazu zu machen, was es einst war: ein Zentrum des steirischen wie auch des österreichischen Geisteslebens.

Das Stiftsgymnasium wurde völlig neu gestaltet und öffnete sich auch modernen didaktischen Strömungen. Seither ist es auch möglich, daß hier nicht nur Burschen, sondern auch Mädchen eine gediegene schulische Ausbildung erhalten. Das Bildungsangebot ist vom humanistischen über einen neusprachlichen bis zu einem musisch-mathematischen Zweig weit gefächert. Die Einrichtung einer Jugendherberge im hierfür zur Verfügung gestellten Schloß Röthelstein bezeugt das Interesse des Stiftes auch an dieser Form verantwortungsvoller Jugendarbeit.

Nach wie vor ist Stift Admont jedoch keine abgeschiedene klösterliche Enklave, sondern hält in der Betreuung von insgesamt 27 steirischen Pfarren durch seine Patres steten Kontakt zum Alltagsleben der Bevölkerung. Darüber hinaus beschäftigen die stiftseigenen Betriebe an die 600 Arbeiter und Angestellte und garantieren somit eine Fülle von hochwertigen Arbeitsplätzen für die steirische Wirtschaft, zu deren größten Arbeitgebern sie zählen.

Gewiß: Die Zeit der alten Schreibschulen und des klösterlichen Denkens, wie wir es in Büchern in der Art von Umberto Ecos „Der Name der Rose" ebenso interessiert wie nostalgisch nachvollziehen, scheinen wohl ein für allemal vorbei zu sein.

An Aufgaben, die Admonter Benediktiner auch und gerade an der Wende zum zweiten Jahrtausend übernehmen können, mangelt es jedoch weniger denn je.

Konvent, Refektorium, Mitte 18. Jh. Stuck und Deckengemälde, 1953–1956.

Stiftskirche. Blick durch das Langhaus auf den Hochaltar.

DIE STIFTSKIRCHE

Wie „echt" ist ein Gotteshaus?

Wer die Stiftskirchen von St. Florian, Melk, Göttweig oder Klosterneuburg kennt, der mag vielleicht über das Blasiusmünster von Admont zunächst die Nase rümpfen. Ist es doch, wie man öfters von kunsthistorisch Interessierten hört, „nur" neugotisch.
Diese von einer etwas snobistischen Arroganz getragene Einstellung ist jedoch leicht widerlegbar, wenn man das Kirchenschiff von Admont betritt – und weiß, daß man hier auf historisch gewachsenem Kirchenboden und somit auf den Fundamenten einer fast ein Jahrtausend alten klösterlichen Frömmigkeit wandelt.
Immerhin sollte man sich vor Augen halten, daß selbst eine so berühmte gotische Kirche wie der Wiener Stephansdom nur noch zu etwa 30 Prozent aus seiner ursprünglichen Bausubstanz besteht. Die Entwicklung eines sakralen Bauwerks ist, da wie dort, niemals etwas Eindimensionales, Lineares, sondern stets der Knotenpunkt eines Strahlenbündels aus den unterschiedlichsten historischen Epochen. Die romanischen und gotischen Fundamente der Admonter Stiftskirche sind zwar für den Besucher kaum realiter zu sehen, aber sie sind allgegenwärtig und spürbar in der Atmosphäre des Gotteshauses, das sich dem Betrachter – wie kaum ein anderes – erst auf den zweiten Blick erschließt.
Erst bei genauem Hinsehen findet man noch die zahlreichen Versatzstücke aus vergangenen Epochen, die Altarschreine, die Kruzifixe, die Altarbilder und Plastiken. Freilich befinden sie sich im stilistisch etwas uneinheitlichen Reigen mit dem neugotischen Raum- und Ausstattungskonzept. Zweifellos würde manches davon in der 1865 zerstörten Stiftskirche anders, vielleicht auch tiefer wirken.
Eine Besichtigung des Blasiusmünsters gleicht daher einer kunsthistorischen und geistesgeschichtlichen Spurensuche, für die es einer wachen Aufnahmebereitschaft und Konzentration auf das Wesentliche bedarf.

Die Richtung: nach oben strebend

Das Konzept des Gotteshauses bemerkt man schon, bevor man durch eines der in reinsten gotischen Formen ausgeführten Seitenportale eintritt. Der Architekt Wilhelm Bücher hat sich bemüht, alle Proportionen im äußeren Erscheinungsbild der Kirche so zueinander in Beziehung zu setzen, daß sich im Gesamteindruck ein ständiges Streben nach oben ergibt. Zahlreiche Giebel, Trichter, Strebepfeiler, Maßwerkbalustraden und Baldachine lassen das Gotteshaus als eine in Stein gefaßte sakrale Handlung erscheinen, als ein Architektur gewordenes Gedankengebäude, das aus dem Geist der Gotik geboren wurde und monolithisch in unsere Epoche hereinragt. Den Abschluß dieses Konzeptes bilden die 75,85 Meter hohen Westtürme. Sie sind mit ihren fünf Geschoßen so konstruiert, daß sie die ursprünglichen Proportionen ihrer beiden Vorgängertürme wohl im Mauerwerk bewahren, mit ihren spitzen Helmen aber weithin sichtbar als Wahrzeichen des neuen Münsters in Erscheinung treten. Bei aller Ehrfurcht vor der historischen Admonter Tradition hat sich Architekt Wilhelm Bücher jedoch einen durchaus politisch gemeinten architektonischen Aphorismus am Rande nicht verkneifen können: Zwei der den großen gotischen Kathedralen nachempfundenen Wasserspeier an der Nordseite der Kirche stattete er mit den Physiognomien Kaiser Wilhelms I. und dessen Minister Otto von Bismarck aus, die hier nun – in Gesellschaft von dämonischen Gestalten – einen bemerkenswerten Kommentar zu den damaligen Zeitereignissen zum Ausdruck bringen.

Links: Blick auf die Stiftskirche von Süden.
Oben: Blick von Osten auf das Dach des schmalen, hohen Chores (1286 geweiht) und die beiden Kirchtürme.

Das Innere: in sich gekehrt

Zunächst mag die Architektur des Kirchenschiffs etwas monumental und lautstark anmuten. Bei längerem Verweilen erschließt sich jedoch nicht nur eine klare, übersichtliche Struktur, sondern auch ein Gefühl für Empfindsamkeit und seelische Regeneration. Das Blasiusmünster ist bis heute ein Ort der Meditation geblieben, es regt zu Nachdenklichkeit und Versenkung an. Ein Rundgang durch das Gotteshaus mit seinem dreischiffigen Langhaus und den zehn Kapellen, die in ruhiger Symmetrie an den beiden Seitenschiffen angelegt sind, entpuppt sich schon bald als kunsthistorische Zeitreise. Da findet man zum Beispiel gleich in der ersten Kapelle rechts den neugotischen Josefsaltar mit einem der Hauptwerke Joseph Stammels – seiner ursprünglich für die Pfarrkirche Wildalpen geschaffenen Pietà. Von Stammel wurde auch die Statue von Christus im Grabe aus dem Jahre 1730 geschaffen, die in einer nachgebildeten Felsengrotte in der Predella zu sehen ist.
Neugotisch ist auch der Sebastiansaltar. Hier findet man an der Rückwand der Kapelle ein Bild des hl. Florian, das wiederum aus dem 18. Jahrhundert stammt. An der Rückwand der Kapelle mit dem Benediktaltar wird der aufmerksame Beobachter ein Bild von Johann Carl Reselfeld finden, das den Tod des hl. Josef darstellt, während in der vordersten Kapelle, gegenüber dem Schreinaltar des Märtyrers Vincentius, als weiteres barockes Gemälde das „Martyrium des hl. Blasius" von Jakob Zanusi aus der Zeit um 1727 angebracht ist.
Keinerlei historische Anteile weist hingegen der Hochaltar aus weißem Carrara-Marmor auf, mit dessen Herstellung 1895 vom Innsbrucker Bildhauer Josef Linser begonnen wurde.

Stiftskirche. Unten: Blick aus dem Mittelschiff auf Benediktus- und Sebastiansaltar (rechts).
Gegenüberliegende Seite: Blick durch das Langhaus auf die Orgel.

Stiftskirche, Josefialtar, Pietà. Joseph Stammel, 1763. Ursprünglich für die admontische Wallfahrtskirche in Wildalpen bestimmt.

Einen tiefen Blick in die Stiftsgeschichte vor dem Brand ermöglichen indessen die sechs Wandteppiche im Presbyterium, die der einstmals berühmten Admonter Stickereischule entstammen und in den Jahren 1698, 1704, 1729 und 1730 geschaffen wurden. In Hoch- und Flachstickerei gearbeitet, ermitteln sie im Rahmen einer bunten Vielfalt von Blumen- und Tiermotiven einen bildhaften Streifzug durch den christlichen Heiligenkalender.
Auf der linken Seite des Kirchenschiffes erweist zunächst ganz vorne auf dem ersten Seitenaltar eine ganze Reihe von Stammel-Reliefs der hl. Maria – und damit der zweiten Patronin des Gotteshauses – ihre Referenz. Die mit höchster barocker Kunstfertigkeit geschnitzten Medaillons aus dem Jahre 1726 zeigen bildliche Darstellungen der 115 Geheimnisse des Ro-

Stiftskirche, Presbyterium. Wandteppiche aus der Admonter Stickereischule, 1689–1730.
Oben: Medaillons mit Darstellungen von Heiligen, gerahmt von Blumen- und Tiermotiven.
Unten links: Hl. Maria.
Unten rechts: Erzengel Gabriel.
Gegenüberliegende Seite: Stiftskirche, Marienaltar. Relief-Medaillon der Krönung Mariens.

senkranzes, die in drei Gruppen — links und rechts vom Tabernakel und an der Altarmensa — angeordnet sind. Aus dem selben Jahr stammt jenes Altarbild der „Maria Immaculata", das 1865 auf nahezu wunderbare Weise aus den Flammen gerettet wurde.

Am Chorbogen neben dem Kreuzaltar werden Interessierte auch eine Kopie jener berühmten „Admonter Madonna" finden, deren einstmals hier befindliches Original nun im Grazer Landesmuseum Joanneum zu besichtigen ist.

Eines der wertvollsten Kunstdenkmäler des Blasiusmünsters findet man unter einem mächtigen Triumphbogen, von dem ein großes gotisches Kruzifix herabhängt, das Christus mit starkem Pathos und ausdrucksvoller Gebärde zeigt. Die Inschrift „fra vizentius von Reichenhaus 1518" läßt darauf schließen, daß dieses bedeutende Holzschnitzwerk von einem Klosterangehörigen in Auftrag gegeben wurde. Geschaffen wurde es möglicherweise von Andreas Lackner, einem Schüler der großen mittelalterlichen Meister Veit Stoß und Anton Pilgram. Die erste Kapelle auf der linken Seite des Gotteshauses enthält den Schreinaltar mit den Gebeinen des Märtyrers Benedictus, aus kunsthistorischer Sicht wird es durch ein Bild von Jakob Zanusi aus dem Jahre 1727 aufgewertet, das den Tod des gleichnamigen Ordensgründers zum Thema hat.

Aus dem 17. Jahrhundert stammt sodann ein Bild in der nächsten Kapelle. Es wurde von R. Verbeeck gemalt und hing einst ebenfalls in der alten Kirche: „Christus lädt die fünf klugen Jungfrauen in Ordenstracht zum himmlischen Hochzeitsmahl". Ein Bild, das den hl. Rupert vor dem Salzburger Panorama zeigt, stammt aus dem 18. Jahrhundert und befindet sich an der Rückwand jener Seitenkapelle, deren Altar der hl. Hemma von Gurk geweiht ist.

Stiftskirche.
Oben: Triumphbogen. Kruzifixus über dem neuen Volksaltar. Vermutlich von Andreas Lackner, 1518.
Links: Josefialtar. „Christus am Ölberg". Relief aus dem steirischen Salzkammergut, Anfang 16. Jh.
Gegenüberliegende Seite: Marienaltar. „Maria Immaculata". Martino Altomonte, 1726. Altaraufbau neugotisch.

Stiftskirche, Weihnachtskrippe. Schnitzarbeit von Joseph Stammel, um 1745. Detail: Die anbetenden Könige mit Gefolge.

Das „Gustostückerl": die Admonter Weihnachtskrippe

Sie ist nur zwischen Heiligem Abend und Maria Lichtmeß zu betrachten, und selbst massive Interventionen bewegen die Admonter Kirchenoberen nicht dazu, sie unter dem Jahr für Interessierte zu öffnen. Denn, so meint man in Admont zu Recht: Eine Weihnachtskrippe gehört in die Weihnachtszeit – und es gibt keinen Grund, mit solchen Traditionen zu brechen.

Freilich ist die Admonter Weihnachtskrippe eben auch nicht irgendeine Krippe. Sie ist in einem neugotischen Flügelaltar in der hintersten Kapelle des linken Seitenschiffes untergebracht und stammt ebenfalls aus der Hand des „Genius loci", Joseph Stammel. Die zahlreichen durch eine geradezu expressive Gebärdensprache gekennzeichneten Figuren stammen durchwegs aus dem Jahre 1745 und wurden unter der Anleitung des Bildhauers vom Admonter Maler Anton Pötschnigg in der Zeit um 1755 bemalt. Der mächtige Altarschrein, der das Kunstwerk birgt, wurde freilich erst viel später, nach dem Stiftsbrand, entworfen und ist ein überzeugendes Beispiel dafür, daß man auch aus historischer Sicht ein ansprechendes Umfeld für barocke Kunstwerke zu schaffen vermag.

Die Weihnachtszeit in Admont ist jedoch nicht nur durch das alljährlich für ein paar Wochen dem stets von neuem staunenden Betrachter geöffnete Wunderwerk der Stammel-Krippe geprägt, sondern schon vor deren Öffnung durch den anderswo seltenen Brauch des „Christkindleinläutens". Auf die Öffnung des Kripperls bereitet man sich hier schon in der Woche vom 17. bis 23. Dezember vor, wenn täglich zur bestimmten Stunde das Nahen des Christfestes eingeläutet wird. Wenn die große Glocke ertönt, ist es im ganzen Admonttal üblich, ans Fenster zu treten und ein Gesätzchen des freudenreichen Rosenkranzes zu beten, während die Mönche der Abtei zur selben Zeit vor und nach dem Magnifikat der Vesper die sogenannten „O-Antiphonen" singen. Diese beginnen allesamt mit einem ausrufenden „O" und haben die biblischen Weissagungen über die Ankunft des Erlösers zum Thema.

Die Öffnung des Kripperls ist schließlich der eigentliche Höhepunkt dieser Zwischenform aus Liturgie und Brauchtum. Die Krippe wird dabei in feierlicher Weise unmittelbar vor Beginn der Christmette geöffnet. Der Abt des Klosters trägt zu diesem festlichen Anlaß einen Ornat aus dem Jahre 1687. Nachdem er die Krippe in einem geöffnet hat, ist es üblich, daß Jung und Alt, wenn sie vor der Krippe ihr Gebet gesprochen haben, kleine Geschenke wie Obst, Nüsse oder auch Geld auf den Krippenaltar legen. Bis zur Schließung am 2. Februar, dem Feste Maria Lichtmeß, werden die Abendmessen in der Stiftskirche jeweils am Krippenaltar gefeiert.

Die Weihnachtskrippe ist freilich nicht das einzige Krippenkunstwerk aus der Hand Joseph Stammels. Eine Reliefkrippe aus dem Jahre 1736 findet sich heute noch in der Stiftssakristei, eine weitere im kunsthistorischen Museum des Stiftes Admont.

Womit Stammel abermals seine tiefe Verbundenheit mit der Admonter Klosterkultur bezeugt hat. Eine Verbundenheit, die sich umgekehrt auch darin äußert, daß die Admonter Benediktiner Stammels Totenschädel bis heute ehrfurchtsvoll in einer schön geschnitzten Vitrine im Stiftsarchiv aufbewahren.

Stiftskirche, Weihnachtskrippe. Schnitzarbeit von Joseph Stammel, um 1745, farbige Fassung von Anton Pötschnack, 1755/56. Unten: Jerusalemer Tempel mit Beschneidung Christi. Gegenüberliegende Seite: Gesamtansicht.

GLORIA IN EXCELSIS DEO

DAS STIFTSGEBÄUDE

Einer statt sieben Höfe

Wer vor 1865 vom Blasiusmünster hinüber in die Bibliothek gehen wollte, konnte, wenn er den längsten Weg nahm, insgesamt sieben Höfe durchqueren. So dicht vernetzt war die Architektur des frühbarocken Stiftskomplexes, die sich heute nur noch erahnen läßt. Beim Wiederaufbau hatte sich der Zeitgeist längst verändert. Der Historismus besann sich, wie man auch an der Wiener Ringstraßenarchitektur sieht, großräumiger sowie funktioneller Lösungen, die wohl oft genug in Kontrast zu barocker Detailverliebtheit standen, in Admont aber direkt an das unvollendet gebliebene Bauprogramm eines Hayberger und Hueber anknüpfen konnten. Nach 1865 wurden daher die vielen kleinen Höfe, nachdem man die gewaltigen Schuttmassen der zerstörten Trakte ausgeräumt hatte, zu jenem einheitlichen Geviert zusammengelegt, das schon in den Planungen des 18. Jahrhunderts vorgesehen war und nun – mit hundertjähriger Verspätung – endlich Wirklichkeit zu werden schien. Von der baulichen Substanz des alten Stiftsgebäudes ist darüber hinaus nur wenig erhalten geblieben. So befindet sich über der Benediktuskapelle der ehemalige Kapitelsaal, der heute als Schatz- und Paramentenkammer dient und noch die reiche Stuckdekoration aufweist, die um die Mitte des 17. Jahrhunderts entstand. Dieser Raum muß dem neugierigen Auge der Besucher freilich ebenso vorenthalten bleiben wie die neue Sakristei mit ihren mächtigen Schränken aus Zirbenholz, die nach 1865 von einem Klosterbruder in neugotischen Formen angefertigt wurden.

Innerer Stiftshof. Neptun-Brunnen. Franz Pernegger, 1665.
Detail: Wappen des Abtes Raimund von Rehling (1659–1675).

Blick auf den Chor der Stiftskirche mit den Türmen von Osten. Im Vordergrund: Neptun-Brunnen, 1665.

Naturhistorische Sammlungen. Himmelsglobus mit farbig eingezeichneten Sternbildern. Gerard Mercator, 1551.

Aus den Kunst- und Wunderkammern

Eines der wichtigsten Wesensmerkmale der Renaissance- und Barockzeit war die Einsicht, daß philosophische Erkenntnis auch durch eine Summe von Einzelerkenntnissen zu erreichen sei. Der Zettelkasten avancierte demnach zum Forschungsprinzip – und das Sammeln schlechthin wurde zur sogenannten Erkenntnismethode aufgewertet. Diesem Geist entstammt die Tradition der sogenannten „Kunst- und Wunderkammern", die alles versammelten, was es da an Kuriosem und im wahrsten Sinne des Wortes Merkwürdigem aufzutreiben gab. Ohne Unterschied der Qualität fanden sich da naturwissenschaftliche Monstrositäten neben Kunstwerken, exotische Spielereien neben kunsthandwerklichen Verschmocktheiten.

Stift Admont besaß schon seit dem 17. Jahrhundert eine solche Kunst- und Wunderkammer, die um 1800 dem neu eingerichteten Naturalienkabinett einverleibt wurde. Dort befand sich neben dem vollständigen Skelett eines Ichthyosauriers und reichhaltigen mineralogischen und botanischen Sammlungen auch eines von Stammels Hauptwerken – das „Universum", welches als eine der reifsten Schöpfungen des Künstlers galt, beim Brand im Jahre 1865 jedoch leider völlig zerstört wurde.

Was aus den ehemals so umfangreichen Sammlungen von Kunstwerken und Schaustücken aus dem Bereich der Natur noch übrigblieb und was späterhin dazukam, ist immerhin genug, um sowohl ein kunsthistorisches als auch ein naturhistorisches Stiftsmuseum zu füllen.

Im Zentrum des kunsthistorischen Museums steht die sogenannte Schatzkammer, in der jene Pontifikalien und Zimelien aufbewahrt werden, an denen man den hohen Stellenwert ablesen kann, den die würdige und festliche Gestaltung der klösterlichen Liturgie in Admont seit jeher eingenommen hat. Zu den kostbarsten Stücken gehört da etwa der Gerhardsstab aus dem 13. Jahrhundert, dessen Elfenbeinkrümme in einen Drachenkopf mündet; oder die „Gebhardsmitra", eine Gold- und Seidenstickerei aus dem 14. Jahrhundert; ein Abtstab mit einem riesigen Narwalzahn als Schaft oder ein mit kostbaren Edelsteinen besetzter Pontifikalkelch sowie die berühmte Festmonstranz aus dem Jahre 1747, die mit ihrem funkelnden Edelsteinbesatz und den füllhorntragenden Engeln eine der größten Kostbarkeiten des Admonter Kirchenschatzes darstellt.

Mindestens ebensoviel Gewicht wie den sakralen Gegenständen kommt den Kunstwerken der Admonter

Ziborium („Speisekelch" für konsekrierte Hostien). Augsburg, Martin Mair, 1680–1684.

Oben: Tragaltar, 1375 vom Bischof von Leitomischl geweiht.
Gegenüberliegende Seite: Festmonstranz des Wiener Meisters „I. G. I. L.“, 1747.

Links unten: Pluvilae (Vespermantel) des Weihnachtsornates, 1680, mit den Bildern der vier Kirchenväter.
Rechts unten: Antependium für die Vorderseite des Hochaltars, 1657. Detail: Girlandenmotiv mit Engelskopf und zwei Füllhörnern unterhalb des hl. Urban.

Oben: Dalmatik (liturgisches Gewand des Diakons) des Schutzengelornates, des ersten größeren Werkes der Admonter Stickereischule, 1657. In der Mitte: Hl. Laurentius.
Gegenüberliegende Seite:
Links oben: Elfenbeinkrümme des „Gebhard-Stabes", nach 1200.
Links unten: Krümme des Stabes Abt Adalbert Heufflers (1675–1696).
Rechts: Abtstab aus der Zeit Adalbert Heufflers. Als Schaft ein Narwalzahn, von großer Seltenheit.

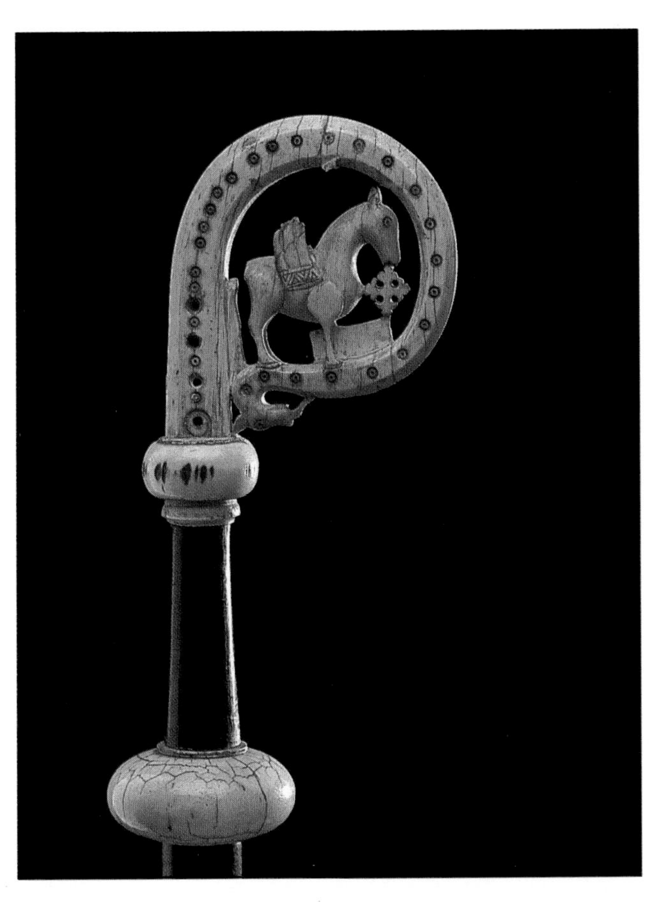

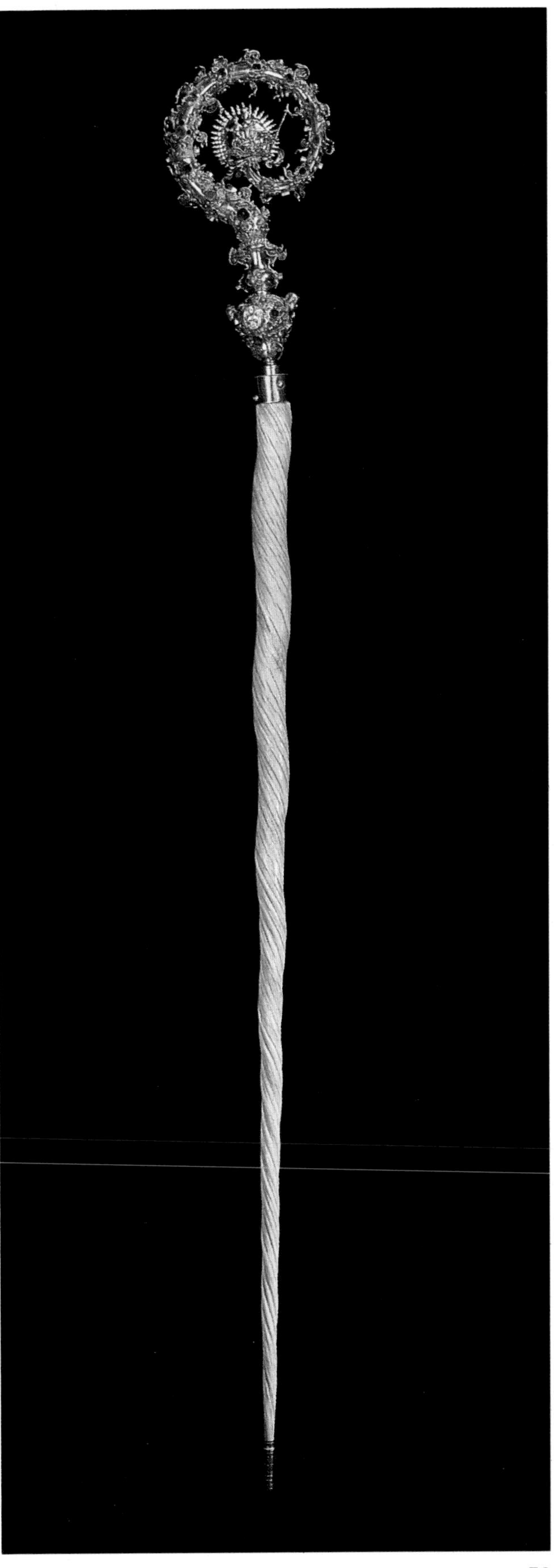

Kunsthistorische Sammlungen. Anna Selbdritt. Steiermark, um 1520.

Kunsthistorische Sammlungen. „Christus als Auferstandener". Relief von Georg Remele, Mitte 17. Jh.

Stickereischule zu, die bald nach 1650 vom dänischen Laienbruder Benno Haan in Admont begründet wurde. Ihr Bestreben war, prachtvolle Meßornate für die großen Feste des Kirchenjahres mit feinziselierter Ornamentik, Blumenmustern, graphischen Elementen des barocken Formenschatzes, Lichteffekten und breitflächigen Mustern aus Edelsteinen, Perlen und Pailletten zu verfertigen.

Nicht an Umfang, jedoch an Qualität hervorragend, prägt sich dem Museumsbesucher die Skulpturen- und Gemäldesammlung ein, deren Exponate bis ins 15. Jahrhundert zurückgehen. So vermittelt etwa eine Reihe von Kleinskulpturen, die zwischen 1460 und 1480 entstanden sind, einen interessanten Einblick in die steirische Sakralkunst des ausgehenden Mittelalters.

Kunsthistorische Sammlungen. „Die vier Jahreszeiten", Groteskfigürchen. Vermutlich von Joseph Stammel.
Gegenüberliegende Seite: Kunsthistorische Sammlungen. Der Zwergpage Oswald Eibegger. Joseph Stammel, um 1740/45.

Tafelbild „Kreuzigung“ mit Maria, Engel und den beiden Pestpatronen Sebastian und Rochus. Steiermark/Kärnten, um 1460.

Neben einigen weniger bekannten Plastiken aus der Stammel-Werkstatt findet man auch eine Anna Selbdritt aus der Zeit um 1520 sowie Bildhauerarbeiten von Hans Georg Remele, der im 17. Jahrhundert für das Stift gearbeitet hat. Abgerundet wird diese kleine, aber feine Sammlung durch mehrere spätgotische Tafelbilder und eine Reihe von Gemälden von berühmten Künstlern, die in Admont und seiner Umgebung tätig waren: etwa von Bartolomeo Altomonte, Johann Lederwasch und dem Kremser Schmidt.
Anders als diese weitgehend aus dem liturgischen Bedarf erwachsene Kunstsammlung diente das sogenannte naturhistorische Museum von Anfang an jenem humanistischen Bildungsideal, das in Admont stets im Zusammenhang mit den schulischen Aufgaben des Klosters und seinen wissenschaftlichen Bestrebungen gepflegt wurde. Was in der Barockzeit als Raritätenkabinett konzipiert worden war, ermöglichte in der Folge ein systematisches naturwissenschaftliches Arbeiten, wie es nicht nur die gelehrten Benediktinerpatres selbst praktizierten, sondern wie man es auch der Schuljugend vermitteln wollte. Hier machte sich jedoch der Stiftsbrand von 1865 besonders nachdrücklich als tiefgreifende Zäsur bemerkbar. Da der gesamte Bestand des von den Zeitgenossen vielgerühmten Naturalienkabinetts ein Raub der Flammen wurde, kam die Wiedererrichtung einer naturhistorischen Lehr- und Schausammlung einem völligen Neubeginn gleich. Es war vor allem ein Mann, der sich um den Aufbau dieser überaus bemerkenswerten naturhistorischen Sammlung und um ihre didaktische Vermittlung besonders bemüht hat. 44 Jahre lang – von 1866 bis 1910 – arbeitete Pater Gabriel Strobl allein an seiner biologischen Sammlung und trug in dieser Zeit insgesamt 252.000 Insektenexemplare aus nahezu 57.000 verschiedenen Arten zusammen. Sie stehen auch heute noch im Mittelpunkt der in den Schauräumen übersichtlich ausgestellten

Spätgotische Tafelbilder, Rückseiten. Jesus als Schmerzensmann („Ecce homo“).

Sammlungen, zu denen freilich auch Weingeistpräparate von Fröschen und Schlangen, exotische Säugetiere, eine große Zahl hervorragender Präparate von Vögeln, eine komplette Käfersammlung, Mineralien, eine Schausammlung von Flechten, Farnen, Algen und Pilzen sowie ein „obersteirisches Herbar" mit insgesamt 2759 Arten und Varianten zählen.
Überdies befinden sich auch außerhalb der Stiftsmuseen einige volkskundliche und lokalhistorisch interessante Exponate, von denen die mitunter recht

Links oben: Johannes Evangelist auf Patmos. Johann Lederwasch (1755/56–1826).
Unten: 24teiliger Zyklus von Kirchenlehrer-Bildern. Johann Bernhard Göz, um 1745. Links: Der Kirchenlehrer Hieronymus. Rechts: Der Kirchenlehrer Gregor der Große.

9
6
5
19
3
10
8
11
2
1
7
14
20

Einblick in die Naturhistorischen Sammlungen des Stiftes, von P. Gabriel Strobl begründet (gest. 1925).
Gegenüberliegende Seite: Naturhistorische Sammlungen. Hervorragende Präparate heimischer Raubvögel. Spätes 19. Jh.

kunstvoll gestalteten Erzeugnisse aus der stiftseigenen Schmiede des 17. und 18. Jahrhunderts es verdienen, eigens erwähnt zu werden. Auch das Heimatmuseum der Marktgemeinde Admont, das im Westflügel des Stiftsgebäudes eingerichtet ist, birgt in seinen Sammlungen manches interessante Stück und vermittelt reizvollen Einblick in das Alltagsleben der Bevölkerung im Umkreis des Stiftes.
Ein Rundgang durch die Sammlungen des Stiftes Admont erweist sich somit als facettenreiches Panoptikum aus vielen hundert Jahren abendländischer Kulturgeschichte.

Naturhistorische Sammlungen. Exotische Schmetterlinge aus der Zeit P. Gabriel Strobls.

Oben: Bibliothekssaal. Gewölbekuppel mit Fresko „Der Sieg der wahren Religion über den Irrglauben". B. Altomonte, 1775/76. Rechts: Stiftsbibliothek, Prunksaal. Von Johann Gotthard Hayberger 1742 begonnen, von Josef Hueber zu Ende geführt.

Das Achte Weltwunder

So wurde die Admonter Bibliothek, vielleicht etwas enthusiastisch, aber durchaus berechtigt, schon seit dem frühen 19. Jahrhundert bezeichnet. Andere nannten sie lediglich eine „Schatzkammer des Wissens". Und es ist in der Tat viel mehr als nur ein imposanter, 70 Meter langer Bibliotheksraum, der sich da, zweigeschossig, unter einer Folge von nicht weniger als sieben Gewölbekuppeln auftut. Die Admonter Bibliothek ist vielmehr eine Art enzyklopädisches Gesamtkunstwerk, der Versuch, menschlichen Geist als schöpferische Kraft in Worte, Bilder und Architektur zu fassen – ein in dieser Form wohl einzigartiges Unterfangen, wie es aber dem auf ganzheitliche Gestaltungsformen ausgerichteten Bestreben an der Wende vom späten Barock zum Klassizismus durchaus entsprach.

In diesem Raum gibt es keine Zufälligkeiten. Hier ist jeder Bücherschrank, jedes Fresko, jede Mauernische, jeder Zierat einbezogen in ein übergeordnetes Konzept, das sich dem Betrachter freilich nicht schon auf den ersten Blick enthüllt. Allein die Ikonographie des Freskenprogramms entpuppt sich als kompliziertes Puzzle aus Allegorie und historischer Wirklichkeit. Jedes Kuppelfresko ist einem bestimmten Thema gewidmet, das seinerseits wieder in den Bücherschränken bibliothekarisch erfaßt ist: die sieben Bilder weisen auf die Schwerpunkte des Bücherbestandes hin, denn in den Gewölben finden sich die allegorischen Darstellungen der Medizin und der Naturwissenschaften, der Theologie, der göttlichen Weisheit, der Jurisprudenz, der Geschichtsschreibung, der Philosophie als Erweckung des menschlichen Geistes und der Techniken und Künste. Dem Freskenprogramm ist ein Skulp-

Bibliothekssaal, Mittelraum. „Die Hölle" aus dem Zyklus „Die vier letzten Dinge". Joseph Stammel. 1760.

Bibliothekssaal, Mittelraum. Zyklus „Die vier letzten Dinge". Joseph Stammel. 1760. Oben: „Der Tod". Gegenüberliegende Seite: „Letztes Gericht".

turenprogramm zugeordnet, das viel mehr ist als nur plastischer Schmuck. In seinem Mittelpunkt steht Joseph Stammels Meisterwerk „Die vier letzten Dinge", das in vier Skulpturengruppen die Themen „Tod", „Gericht", „Hölle" und „Himmel" in durchaus noch barocker Formensprache vor Augen führt. Es gehört daher auch zum besonderen Reiz des Ausstattungsprogramms, daß Stammels Skulpturen in gewissem Kontrast zum durchaus aufklärerischen Bildungsprogramm der Fresken stehen, das der Maler Bartolomeo Altomonte gemeinsam mit dem Abt Matthäus Offner in sorgfältiger Kleinarbeit erstellt hat. Sein Ziel: die Entfaltung der Wissenschaften und Künste unter dem Primat der wahren Religion. Das Aufklärerische dabei zeigt sich etwa daran, daß der Theologie in diesem Freskenzyklus keine Sonderstellung eingeräumt wird. Sie ist vielmehr gemeinsam mit den anderen Wissenschaften ein Teil jener inneren Symmetrie, die sich nur den Gesetzen der wahren Religion unterzuordnen hat. Vielleicht darf man hier auch eine Anspielung auf die kurz zuvor erfolgte Aufhebung der theologischen Bastion des Jesuitenordens im Jahre 1773 erblicken oder auch eine Vorahnung der künftigen Entwicklung im josephinischen „Sturm auf die Klöster" sehen. Und es ist möglicherweise kein Zufall, daß das „aufgeklärte" Admont von den Säkularisierungsbestimmungen Josephs II. weitgehend verschont blieb.

Die Form des Bibliothekssaals läßt sich indessen nicht losgelöst von ihrem Inhalt beschreiben. Die Zusammenhänge zwischen den Wissensgebieten der Bücherschränke und ihrer Koppelung mit ikonographischen Elementen sind zu zwingend, um übersehen zu werden. Selten ist eine Bibliothek in ein passenderes und vielsagenderes Umfeld eingebettet worden als hier.

Nicht alle Besucher, die staunend dieses „Achte Weltwunder" betreten, sind aber für das komplizierte Zusammenspiel der einzelnen Ausstattungselemente und ihrer Aussage empfänglich. Sehr oft wird dann ganz einfach die Fülle des Prächtigen wahrgenommen, die sich hier dem Beschauer auftut und ihn in ihren Bann schlägt. Ein köstliches Beispiel für einen solch „vordergründigen" und doch unvergeßlichen Eindruck hat uns der Wiener Schriftsteller und Journalist Johann Baptist Weis hinterlassen, der um 1840 auf einer mit damaligen Verkehrsmitteln recht beschwerlichen Österreichreise nach Admont kam und

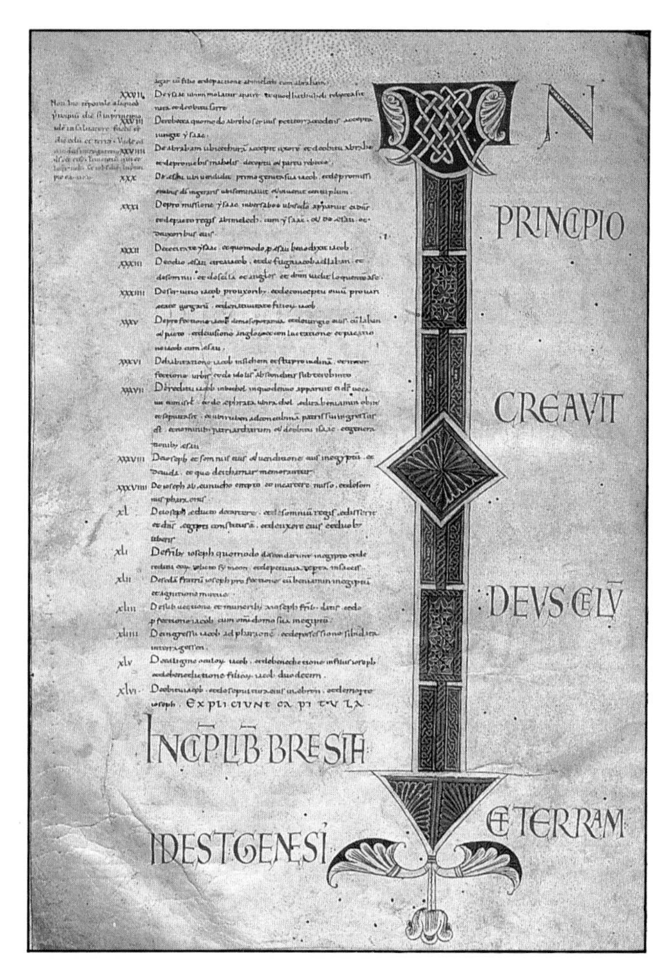

Stiftsbibliothek. Codex E, folio 4v, dritter Band der „Admonter Riesenbibel". Beginn des Buches Genesis mit Initiale I.
Letztes Drittel 11 Jh.

unter dem Pseudonym „Hans-Jörgel" seine Erlebnisse in Form von Briefen an seinen Schwager in Vöslau aufgezeichnet hat. Über seinen Besuch in der Stiftsbibliothek ist da Folgendes zu lesen: „Obwohl's schon Abend war, so hab' i do no g'schaut, daß i in Admont die berühmte Bibliothek im Stift g'sehn hab. Dös is eine Bibliothek, Herr Schwager, dö jeder Residenz eine Ehr machet. Schon der Fußboden, von weißen, rothen und schwarzen Marmorplatten, is eine Merkwürdigkeit; und der Saal selber mit seinen Statuen und Gemälden, und der Menge von Büchern, dö i leider wie eine Kuh ein neues Tor anschau, weil i von den alten Sachen nix versteh, versetzen ein'n . . . in eine ganz andere Welt." Schade, daß der „Hans-Jörgel" außer dem Fußboden und den Kunstwerken nicht auch den Büchern sein Augenmerk gewidmet hat, denn immerhin ist die Sammlung mit 150.000 Bänden, 1400 Handschriften und 530 Inkunabeln eine der größten Bibliotheken der Welt, in der jede Fachdisziplin eine Fülle von kulturhistorischem Anschauungsmaterial finden wird. Die ältesten Handschriften stammen aus dem 8. bis 10. Jahrhundert. Es sind deren jedoch nur verhältnismäßig wenige, während das Gründungsjahrhundert des Klosters mit über 30 Handschriften vertreten ist.
An der Zahl der Handschriften läßt sich auch die kulturelle Entwicklung Admonts sehr schlüssig ablesen. So finden sich aus dem 12. Jahrhundert — der ersten Blütezeit des Stiftes — bereits 180 Bände, die zumeist im klösterlichen Skriptorium hergestellt wurden. Leider war es in wirtschaftlich schwierigen Zeiten immer wieder notwendig, einzelne dieser bibliophilen Kunstwerke zu verkaufen, was der Vollständigkeit der Admonter Sammlung jedoch letztlich nur wenig Abbruch tat. Zu den größten Kostbarkeiten der Bibliothek zählt eine „Riesenbibel" aus der Zeit um 1070, die zu den schönsten Beispielen einer in ganz Europa überaus selten anzutreffenden Gattung von Prunkhandschriften gehört. Während die dreibändige Bibel mit ihrem wahrhaft riesigen Format jedoch in Oberitalien entstand und als Geschenk des Klostergründers nach Admont kam, konnte die Abtei an der Enns ihre Bestände schon bald durch Produkte aus dem eigenen Skriptorium bereichern, für dessen Entstehung hier die allerbesten Voraussetzungen — von der Versorgung mit dem nötigen Pergament bis zu einer beachtlichen Anzahl schreibkundiger Mönche — vorlagen.
Es wäre allerdings ein Irrtum anzunehmen, daß sich

Stiftsbibliothek. Codex 35, folio 296v, „Decretum Gratiani".
Detail: Arbor consanguinitatis. Österreich oder Deutschland.
1. Hälfte 13. Jh.

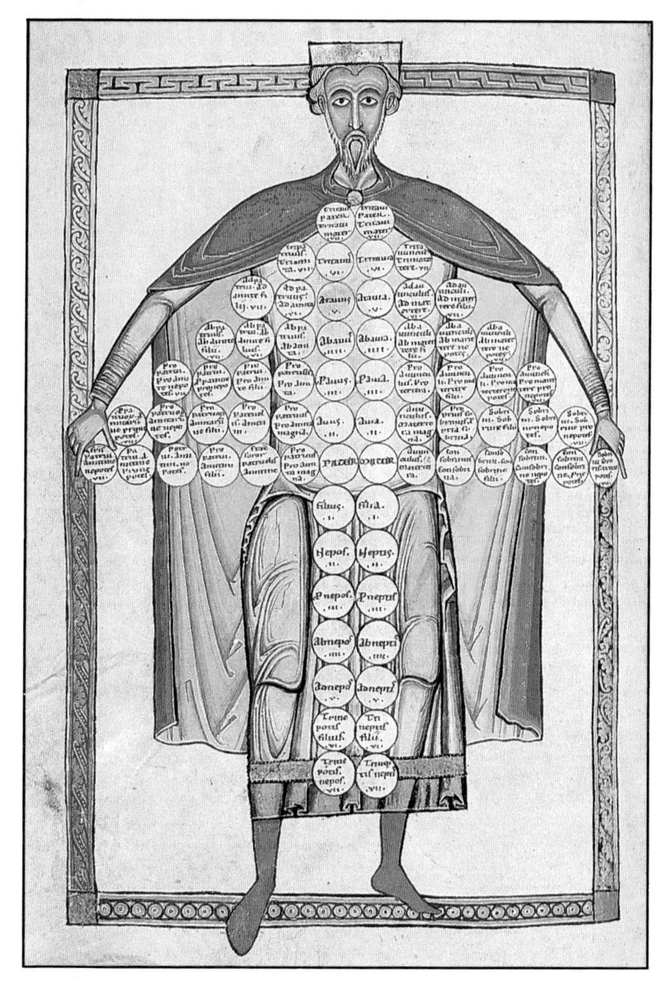

die Admonter Schreibermönche und Buchkünstler ausschließlich mit christlichem Gedankengut beschäftigt hätten. Neben liturgischen und theologischen Werken findet sich in den Admonter Regalen eine beachtliche Anzahl von Schriften „heidnischer“ Autoren, von denen insbesondere Cicero und Seneca in hohem Ansehen standen.
Schon längst vor der Erfindung der Buchdruckerkunst entwickelte sich so die mittelalterliche Büchersammlung immer mehr zu einer Universalbibliothek, deren Bestreben es war, das in schriftlicher Form verfügbare Wissen der Menschheit nicht nur zu sammeln, sondern auch aufzuarbeiten. Was viel später erst von den französischen Aufklärern wie Diderot und Rousseau gefordert wurde, zeichnete sich in Admont bereits einige Jahrhunderte zuvor ab: das Bestreben, den ungeordneten Fluß menschlichen Wissens in übersichtliche, der Erkenntnis dienende, man könnte auch sagen enzyklopädische Bahnen zu lenken. So war es wohl auch selbstverständlich, daß man hier schon im 14. Jahrhundert nicht nur eine systematische, nach Fachgruppen geordnete Aufstellung der Bücher praktizierte, sondern diese in derselben übersichtlichen Weise auch in den Katalogen verzeichnete. Der früheste dieser Kataloge stammt übrigens aus dem Jahre 1376 – und genau 400 Jahre später hat Altomonte sein enzyklopädisches Freskenprogramm im Bibliothekssaal vollendet.

Stiftsbibliothek. Mittelalterliche Handschriften mit Lederschnitteinbänden, 15. Jh.

Seite 53: Stiftsbibliothek. Codex 511, folio 85v, Evangelist Markus.

Stiftsbibliothek. Links unten: Codex 73, folio 1r, „Predigten für die Sonn- und Feiertage des Kirchenjahres“. Vermutlich von Gottfried von Admont, um 1160. Detail: Der reiche Prasser und der arme Lazarus. Rechts unten: Codex 511, folio 2r, „Evangeliar des Kustos Berchtolt von Salzburg“. Detail: Kanonbogen. Ende 11. Jh.

Stiftsbibliothek. Cod. 511, „Evangeliar des Kustos Berchtolt von Salzburg“. Ende 11. Jh. Links oben: Fol. 132v, hl. Lukas. Rechts oben: Fol. 219v, hl. Johannes. Links unten: Fol. 133v, Beginn des Lukas-Evangeliums. Rechts unten: Fol. 220r, Beginn des Johannes-Evang.

„In Admont möchte ich Priester sein!"
Mit diesem Satz begann der Dichter Peter Rosegger vor mehr als hundert Jahren seine Eindrücke in der Admonter Abtei in Worte zu fassen. „Dieses große Benediktinerstift mit seiner herrlichen Kirche, seiner berühmten Bibliothek, seinen Kunstwerken verschiedenster Art ist eine ideale Stätte. Und eingefriedet von einer weiten Felsenkrone, umgeben von den ergreifendsten Naturschönheiten, und — was die Hauptsache — der heilige Benediktus ist kein strenger Mann. Ich denke ein wenig an das gesegnete Refektorium von Admont und an das Labyrinth seiner Keller, an seine stets belebten Kegelbahnen und an die lustigen Jagdzüge, die auf seinen ausgebreiteten Revieren stattfinden."
Der steirische Dichter hatte in seiner blumigen Sprache wohl völlig recht. Es ist schon eine ganz besonders eigene und unverwechselbare Enklave, die hier im Schatten der Gesäuseberge, umringt von saftigen Waldzungen, entstanden ist. Und es ist sicherlich kein Zufall, daß es zu allen Zeiten stets sehr naturverbundene Männer waren, die hier in Admont das Ordensgelübde auf die Regel des hl. Benedikt von Nursia ablegten.
Das Benediktinertum paßt nach Admont. Es ist verinnerlicht, von einer tiefen Liebe zur Schöpfung und zu den Menschen getragen. Und es hat dennoch auch etwas von jener Majestät, die nicht nur in den Admonter Klosterbauten spürbar ist, sondern die den hl. Benedikt auch zu einer der Lichtgestalten der Kirchengeschichte machte, zum „Vater des Mönchtums" und „Patriarchen Europas".
Über das Leben des hl. Benedikt ist gleichwohl relativ wenig bekannt. Er wurde nach der Überlieferung um 480 im umbrischen Ort Nursia gemeinsam mit seiner Zwillingsschwester Scholastika geboren. Nach einem Studium in Rom floh er, angewidert von der Sittenlosigkeit des zerfallenden Römischen Imperiums, in die Einsamkeit der sabinischen Berge, wo er versuchte, die bereits erprobten Lebensformen des christlichen Mönchtums in Verbindung mit dem Gedanken einer gemeinschaftlichen Lebensweise für seine Zeit nutzbar zu machen.
Auf den Trümmern eines alten heidnischen Tempels am Monte Cassino soll der hl. Benedikt sodann sein erstes Kloster gegründet haben, das freilich erst viel später zum „Mutterkloster" einer weltumspannenden Bewegung werden sollte. Die von Benedikt begründete Form des Klosterlebens und die von ihm geschriebene Regel als Richtschnur für das mönchische Gemeinschaftsleben konnten sich erst im Laufe der folgenden Jahrhunderte durchsetzen und allmählich zur Bedeutung einer verbindlichen Norm des abendländischen Mönchtums gelangen. Benedikt selbst war bereits — vermutlich am Gründonnerstag des Jahres 547 — gestorben, seine Lehre trug jedoch den Keim einer zukunftsträchtigen Entwicklung in sich und sollte späterhin den Gang der Kirchengeschichte entscheidend mitbestimmen.

Blick von Westen auf den Gutshof des Stiftes, die Kirchtürme und den Großen Buchenstein im Hintergrund.

Stift Admont war, im Unterschied zu manchen anderen Klöstern, von seiner Gründung an stets nur mit einem einzigen Orden verbunden. Seit 1074 trägt man zwischen Kreuzgang und Refektorium das charakteristische schwarze Ordenskleid der Benediktiner, versammelt sich mehrmals täglich zum gemeinsamen

Frater Engelbert Hofer, das jüngste Mitglied der Klostergemeinschaft, auf einem Beichtstuhl in der Stiftskirche, vor einem barocken Gemälde der ersten rechten Seitenkapelle.

Abt Benedikt Schlömicher, der 66. Abt des Stiftes (seit 1978 im Amt).

Salon der Prälatur in dem nach 1865 ausgebauten Südtrakt.

Chorgebet und ist bestrebt, sein Leben gemäß jenen Grundsätzen zu gestalten, die das Generalkapitel der österreichischen Benediktinerkongregation im Jahre 1978 unter dem Titel „Grundlagen unseres monastischen Lebens" folgendermaßen auf den Punkt gebracht hat: „Unser Ordensleben ist eine Antwort auf den Ruf Gottes in die Jüngerschaft Jesu Christi, wie sie durch die Heilige Schrift bezeugt und in der Kirche von ihrem Ursprung her verstanden wird. Dabei ist die Regel des hl. Benedikt die für unser monastisches Leben und Wirken verbindliche Ausprägung der Nachfolge Christi."

Prälatur. Portal zu den Wohn- und Repräsentationsräumen des Abtes. Hans Steger, 1922. Im Dreieckaufsatz die Wappen des Stiftes und des Abtes Oswin Schlammadinger (1907–1935).

Patres beim Studium im Handschriftenraum der Stiftsbibliothek. Von links: P. Bruno, P. Remigius, P. Gebhard.

Landschaft um Admont.

Zwischen Kutte und Nagelschuh

Am 21. Juni 1834 vermerkte der Admonter Bibliothekar, Pater Urban Ecker, in seinem Tagebuch folgende Notiz: „Pater Moritzens unglücklicher Fall und Fußbruch, als er den Kalbling, um zu botanisieren, bestieg.“ Der lapidare Satz ist hingegen viel mehr als nur eine schnell hingeschriebene Begebenheit aus dem Admonter Stiftsalltag. Dahinter steckt vielmehr eine ganze Philosophie, die mit dem Leben der Admonter Mönche, zumal im vorigen Jahrhundert, untrennbar verbunden war — der Versuch, die Erschließung der Bergwelt als religiöses wie als wissenschaftliches Erlebnis zu empfinden.

Der Beinbruch des Pater Moritz von Angelis gilt als einer der ersten touristischen Alpinunfälle im Gesäuse. Und es ist bekannt, daß der Benediktinermönch wahrscheinlich in den Bergen umgekommen wäre, wenn nicht zufällig ein paar Wanderer des Weges gekommen wären und ihn gerettet hätten. Was es ihm ermöglichte, seinen botanisierenden Bestrebungen in den Bergen, wenn auch mit steifem Bein, noch weitere sechzig Jahre zu frönen.

Die alpintouristische Erschließung der Gesäuseberge im vorigen Jahrhundert ist von den Admonter Mönchen in wesentlichem Maße beeinflußt und mitbestimmt worden, wobei es den Benediktinerpatres keineswegs nur darum ging, erfüllende Begegnungen mit Gottes freier Natur zu erleben, sondern vor allem auch darum, landvermessend, kartographisch, analytisch und sammelnd — also stets wissenschaftlich — tätig zu sein.

Einer der Pioniere dieser Erschließung der Bergwelt war Pater Albert Muchar, der — obwohl von Metier durchaus kein Physiker und Landvermesser — als universell gebildeter und interessierter Polyhistor am 2. August 1814 mit einem ganzen Rucksack voller Meßgeräte den Kalbling bestieg — und damit erstmals brauchbare Meßwerte für die Höhenangaben der Gesäuseberge lieferte.

Nicht minder eng mit der Bergwelt des Gesäuses verbunden fühlte sich der Benediktiner Gabriel Strobl, der in die Stiftsgeschichte wegen seiner anfangs stark ausgeprägten Vorliebe für die Pflanzenkunde als „Pater mit der Botanisiertrommel“ eingegangen ist. „Die Natur ist eben unendlich verschieden“, schrieb er in seinen Aufzeichnungen, „und wie in anderen Dingen, so hat der allgütige Schöpfer auch in der Flora einen reichen Wechsel geschaffen, damit auch in der Blüthendecke seine Unendlichkeit sich spiegle und die Herzen der Menschen zu sich emporziehe.“

Auch Pater Strobl wäre um ein Haar zum Opfer seiner bergsteigerischen Leidenschaft geworden. „Da wichen auch die Steine, die den rechten Fuß gestützt hatten, und stürzten als Lawine in die Tiefe; nun hatten meine Füße den Standpunkt verloren, und nur die Hände bewahrten mich noch vor dem tödlichen Sturze. (. . .) Ein einziger Stein schützte mich noch vor dem Falle, wich auch dieser, so war ich verloren. Ich blickte unter mich: da starrten zwei schroffe Felszacken in das Blaue, und schienen hohnlachend die Arme auszustrecken nach ihrer Beute. Schon wähnte ich mich verloren: nahm im Geiste Abschied von meinem Leben. – Doch da faßte mich der Muth der Verzweiflung und gab mir zehnfache Kraft."

Während Pater Strobl seinen Bericht, bei aller Emotion, doch mit der einem Prosatext innewohnenden Sachlichkeit zu Papier brachte, versuchte ein anderer Admonter Bergsteigermönch seine Tourenberichte in das enge Korsett eines klassischen Versmaßes zu zwängen. Pater Thassilo Weymayr, ein versierter Topograph und leidenschaftlicher Bergsteiger, der 1859 auch eine exakte, naturwissenschaftlich fundierte „Topographie des Admontthales" veröffentlichte, schrieb über seine Gesäuseerlebnisse in wohlgebauten Hexametern: „Aber indeß auskramten die Träger den stattlichen Vorrath/ Mannigfaltig und reich – für Hungernde treffliche Waare,/ Hoben dabei großbauchige Flaschen mit köstlichem Inhalt./ Also ward ein lustiges Mahl auf dem Gipfel gehalten./ Und es machten die Becher die Rund, inzwischen ertönten/ Fröhliche Lieder, man scherzt' und lacht' und neckte die Mädchen/ Also entflossen die Stunden, noch einmal bewundernd/ Wir in die Ebne hinab und hinüber zu blinkenden Gletschern,/ Eilten hinunter sodann; Nacht lag schon über dem Thale."

Im Stiftsgarten

Die Naturverbundenheit der Admonter Benediktiner bezieht sich freilich keineswegs nur auf die Schönheiten des Umlands. In kaum einem vergleichbaren Kloster wurde die Natur so nahe und unmittelbar an das Stiftsgebäude selbst gerückt. So ist der Admonter Konventgarten zweifellos eine der bemerkenswertesten Parkanlagen der Steiermark. Schon im 17. Jahrhundert nach französischem Vorbild angelegt, ist der Garten nach mancherlei im Lauf der Zeit erfolgten Veränderungen nun wieder in seinem ursprünglichen Zustand hergestellt und beeindruckt gleichermaßen durch seine streng geometrische Gestaltung wie durch den Farbenreichtum seiner Blumenpracht. Im Zentrum des Parks steht das 1661 erbaute Lusthaus mit der illusionistischen Gewölbemalerei von Johann Lederwasch; etwas außerhalb der Gartenanlage, schon auf dem Weg dahin, findet der Besucher den wunderschönen, von prächtigen alten Linden umstandenen Teich mit einem Hochstrahlbrunnen. Der Park, ursprünglich als Refugium für meditierende Mönche gedacht, ist heute auch öffentlich zugänglich – und somit ein Angebot mehr, mit dem sich die Admonter Benediktiner als so ganz und gar nicht verschlossen, sondern im Gegenteil als durchaus weltoffen präsentieren. Im Laufe seiner nun schon mehr als 900jährigen Geschichte ist das Benediktinerstift Admont zu einem unverzichtbaren Bestandteil in der von ihm so unverkennbar mitgestalteten Region des steirischen Ennstales und wohl auch der gesamten Steiermark geworden. Kulturelles und kirchliches Leben, Infrastruktur und Wirtschaft dieses Bundeslandes wären in ihrer historischen Entwicklung und ihrer gegenwärtigen Erscheinung ohne den Beitrag der Admonter wohl undenkbar.

Gartenpavillon im Konventgarten. Kuppel mit illusionistischer Architekturmalerei und Darstellung der vier Jahreszeiten. Johann Lederwasch, letztes Viertel 18. Jh.

Gartenpavillon im Konventgarten. Unter Abt Raimund von Rehling 1661 erbaut, 1777 erneuert.

RUND UM ADMONT

Ein Märktlein am Alpenrand

Wenn es eine Pforte zur Schönheit der Ennstaler Alpen und der Gesäuseberge gibt, so ist dies der alte Marktflecken Admont, der im Lauf der Jahrhunderte rund um die Abtei organisch gewachsen ist, ohne deswegen an Idylle und Beschaulichkeit verloren zu haben. Der aufmerksame Beobachter findet entlang der Hauptstraße und rund um den Leopoldinenbrunnen noch zahlreiche alte Fassaden, sei es am 1736 erbauten und in neoromanischen Formen um 1900 neugestalteten Rathaus, am Haus der Weberzunft aus dem Jahre 1513 oder am Haus Admont Nummer 73, einem ehemaligen Hammerherrenhaus mit Sgraffitodekor aus der Zeit um 1600, das ehemals nach dem dort ausgeübten Gewerbe als „Hackenschmiede" benannt wurde. Einen merkwürdigen Namen trägt auch das Haus mit der Nummer 87: Das sogenannte „Hühnerspital" reicht mit seiner Bausubstanz wohl noch ins Spätmittelalter zurück und gehörte mit seinem hohen Walmdach einst zum längst aufgelassenen Admonter Nonnenkloster.

Als Ausgangspunkt vieler Bergtouren und Wanderungen ist der schon 1443 vom König mit dem Marktrecht ausgestattete und in einem alten Lexikon sogar als Stadt bezeichnete Marktflecken im vorigen Jahrhundert ein wichtiges touristisches Zentrum der Grünen Mark geworden. Das vielleicht einschneidendste Ereignis in der neueren Geschichte des Ortes war die Erschließung der Gesäuselandschaft durch die 1872 eröffnete „Kronprinz-Rudolph-Bahn", mit deren 1970 elektrifizierten Nachfolgerin man heute innerhalb von nur wenigen Stunden von Wien mitten in die Welt des Hochgebirges gelangen kann.

An Spazierwegen rund um Admont herrscht keinerlei Mangel. In jedem Fall wird man von ausladenden Bergpanoramen und imponierenden Alpin-Skylines begleitet werden, gleichgültig ob man die 500jährigen Eichen am Ennsufer aufsucht oder zum Wölgerteich hinüberwandert, in dessen dunkelgrünen Wassern sich an klaren Sonnentagen die Gesäuseberge widerspiegeln.

Nicht minder lohnend ist der etwa einstündige Spaziergang auf den nahen Sonnberg,von dessen kieferbestandener Wiesenkuppe aus man einen der schönsten Panoramablicke des Ennstals genießen kann. Empfehlenswert ist auch ein Abstecher auf die Kaiserau, wo man in einer nahegelegenen alten Nagelschmiede, die heute eine Gaststätte beherbergt, auch kulinarischen Freuden frönen kann.

Die Jugendburg

Wenn es in der Admonter Stiftsgeschichte so etwas wie eine Kontinuität gibt, so ist es das unentwegte Bestreben, junge Menschen zu mündigen und für die Schönheit der Schöpfung sensiblen Bürgern heranzuziehen. Diesem Bestreben ist es gewiß auch zu verdanken, daß das stiftseigene Schloß Röthelstein — die ehemalige Sommerresidenz der Admonter Äbte aus der Mitte des 17. Jahrhunderts — als Jubiläumsgabe des Stiftes im Jahre 1974 in eine der schönsten Jugendherbergen

Schloß Röthelstein. Unter Abt Urban Weber um 1655 als Sommersitz der Admonter Äbte erbaut, seit 1974 Jugendherberge.

Europas umgewandelt wurde. Sauna, Sportplatz, Schilift und Waldlehrpfad zählen zur selbstverständlichen Infrastruktur dieses gastfreundlichen Schlosses mit seinen prachtvollen zweigeschoßigen Arkaden und seiner bemerkenswerten Innenausstattung, die dem kunsthistorisch Interessierten ein anschauliches Beispiel frühbarocker Wohnkultur bietet. Aus der Bauzeit des Schlosses stammt auch die alte Benediktkapelle, und unter dem gemütlichen „Schützenzimmer" mit seiner massiven Holzkassettendecke befindet sich noch heute eine alte Rauchkuchl, die Einblick in die Küchenkunst unserer Vorfahren vermittelt.

Das von Abt Urban um 1655 errichtete Schloß ist auch durch seine Wandmalereien im großen Speiseraum bekannt geworden, in denen an den einzelnen Stationen der biblischen Erzählung vom verlorenen Sohn den speisenden Gästen die große Zahl der admontinischen Schlösser und Herrschaftssitze in einem bunten Bilderreigen eindrucksvoll vor Augen geführt wurde.

Über den Berg in den Himmel

Am Friedhof des kleinen Dörfchens *Johnsbach* finden allzu wagemutige Bergsteiger eine recht tröstliche Grabinschrift: „Es gibt viele Wege zu Gott", liest man da zum Beispiel, „der seine führte über die Berge."

Der stimmungsvolle Bergfriedhof rings um die kleine Kirche, an der stets ein Pater aus dem Stift Admont die

Seelsorge versieht, ist zur letzten Ruhestätte vieler geworden, die aus den schroffen Kaminen der Gesäuseberge nicht mehr lebend zurückgekehrt sind. Insgesamt wurden hier bereits mehr als 400 verunglückte Bergsteiger beigesetzt, deren Namen in einem Buch aus massivem Kupfer eingraviert sind.
Das Erholungsdorf Johnsbach gilt jedoch trotz dieses mahnenden Denkmals auch weiterhin als beliebter „Einstieg" in die Gesäuseberge. Wer die Schönheiten der Landschaft indessen ohne Lebensgefahr kennenlernen möchte, für den empfiehlt sich der wildromantische „Schattenseitenweg" zum anderthalb Stunden entfernten Wolfbauern-Wasserfall unter den knochenblanken Graten des Hochtors.

Die Madonna kam aus dem Wasser

Man schrieb das Jahr 1404, als einige Bauern aus dem Admonttal am Ennsufer eine aufsehenerregende Entdeckung machten: Zwischen Sand und Kieselsteinen lag da eine hölzerne Madonnenstatue, die vom Flußwasser angeschwemmt worden war und mit ihren empfindsamen Zügen darum zu bitten schien, in einem Gotteshaus eine Zufluchtsstätte zu finden. Es wird auch von Lichterscheinungen und anderen seltsamen Begebenheiten berichtet, wie sie fast immer auftreten, wenn man es mit der Ursprungslegende eines bekannten Wallfahrtsortes zu tun hat. In der Wallfahrtskirche am *Frauenberg* hat sich zu diesem alten Gnadenbild, das späterhin als Mittelpunkt in den prächtigen barocken Hochaltar eingefügt wurde, noch eine weitere gotische Madonna hinzugesellt. Schon bald nach dem seltsamen Fund hatte man eine hölzerne Kapelle errichtet, der bereits 1423 der Bau einer steinernen Kirche folgte.
Seit der Mitte des 17. Jahrhunderts wurde aus dem Gotteshaus, das längst auch schon als Pfarrkirche diente, eine der meistbesuchten Wallfahrtsstätten im Land und ein Mittelpunkt religiösen Lebens im Ennstal. Es wird auch von zahlreichen Wundern berichtet, wie etwa jenem, daß die Gemeinde *Pürgg* als einziger Ort des Ennstals durch die schützende Hand der Gottesmutter von der 1675 wütenden Pest verschont geblieben sei, worauf die Pürgger eine jährliche Dankprozession auf den Frauenberg gelobten.
Die heutige Gnadenkirche gilt als eines der Hauptwerke des steirischen Barock. Sie wurde in den Jahren 1683 bis 1687 von Carlo Antonio Carlone, dem Baumeister von St. Florian, auf den ursprünglichen gotischen Fundamenten barockisiert. Im Chor des einschiffigen Kirchenraumes befinden sich Fresken von Johann Lederwasch, die das Leben Mariens zum Thema haben, außerdem bemerkt der kunsthistorisch Interessierte im Kircheninneren eine Reihe höchst bemerkenswerter Plastiken, unter anderem aus der Werkstatt Michael Zürns d. J. sowie vom Admonter Stiftsbildhauer Joseph Thaddäus Stammel.
Wegen der prächtigen weithin sichtbaren Lage mit ihrem herrlichen Rundblick, der Anmut seiner architek-

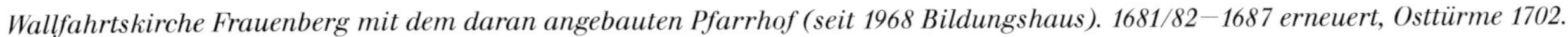
Wallfahrtskirche Frauenberg mit dem daran angebauten Pfarrhof (seit 1968 Bildungshaus). 1681/82–1687 erneuert, Osttürme 1702.

Wallfahrtskirche Frauenberg. Neubau 1680 und 1683–1687 von Pierfrancesco und Carlo Antonio Carlone. Blick in das Langhaus auf den Hochaltar, um 1690.

Wallfahrtskirche Frauenberg. Detail des Hochaltars. Maria mit dem Kind, um 1420.

tonischen Formen und seiner kostbaren Ausstattung ist das Gotteshaus auch heute wieder ein gern aufgesuchtes Ausflugs- und Wallfahrtsziel und darüber hinaus eine der beliebtesten Hochzeitskirchen im steirischen Oberland.
Seit 1968 befindet sich im weitläufigen Pfarrhof, der mit der Wallfahrtskirche zu einem einzigen großen Baukörper zusammengeschlossen ist, auch ein katholisches Bildungshaus. Der alte Wallfahrtsort, an dem natürlich wie eh und je Admonter Benediktiner als Seelsorger tätig sind, hat somit in durchaus zeitgemäßer Weise die Möglichkeit wahrgenommen, seinen Beitrag zum kirchlichen und religiösen Leben in der Region beizusteuern und ist mittlerweile auch zur angesehenen internationalen Begegnungsstätte geworden.

Wallfahrtskirche Frauenberg. Decke des Langhauses. Stuck aus der Werkstätte des Giovanni Battista Carlone, um 1690–1695. In den Feldern Wandmalereizyklus aus dem Marienleben. 1695.

Wallfahrtskirche Frauenberg. Empore und vorzüglicher Orgelprospekt, um 1680–1690, mit Wappen Abt Adalberts.

Wallfahrtskirche Frauenberg vor der imposanten Kulisse der Gesäuseberge (links und Mitte Hochtorgruppe, rechts Ausläufer des Reichsteinmassivs).

Ragende Berge und sausende Wasser
Mit 16 Kilometern ist es eines der längsten Durchbruchstäler der nördlichen Kalkalpen. Doch das Gesäuse ist viel mehr als nur eine von den Zufällen der Erdgeschichte zu einem besonderen landschaftlichen Schmuckstück ausgestaltete tektonische Gliederung. Für jeden, der einmal hier gewesen ist, die steilen Grate und Zinken bestiegen hat oder einfach durch wilde Felsklüfte gewandert ist, hat das Gesäuse stets etwas mit Sehnsucht und Erfüllung zu tun. Ist es doch eines der großen Bergsteigerparadiese dieser Welt, an dessen Schwierigkeiten sich jeder, dessen Bewußtsein gipfelwärts strebt, irgendwann in seinem Bergsteigerleben einmal messen möchte. Für weniger Wagemutige reicht statt der Bewältigung auch die eingehende Betrachtung dieser mit ihren Gipfeln von der Natur so bizarr ineinander verschachtelten Kalkmauern.

Wenn man auf der Ennsbrücke in Admont steht und in die Flußrichtung blickt, so lassen sich diese Gipfel an sonnendurchfluteten Tagen, an denen ihre Silhouetten klar in den blauen Himmel gezeichnet sind, deutlich ausnehmen: von links nach rechts richten sich die Blicke zunächst auf den Admonter „Hausberg", den Großen Buchstein, sodann auf die Kalkstöcke des Hochtors mit der Planspitze und dem Ödstein und schließlich auf die Reichenstein-Gruppe, die in die gezackten Grate des Hahnsteins ausläuft. Am Fuße dieser eindrucksvollen Gebirgsszenerie bricht die Enns an einer ihrer schönsten Stellen in tausenderlei Strudeln und Stromschnellen. Dieses Sausen und Brausen des Wassers, von dem die ganze Talschlucht ihren lautmalerischen Namen bekommen hat, in seiner Verbindung mit dem Anblick der majestätischen Bergwelt zu beiden Seiten des Flusses, ist immer schon

von den verschiedensten Autoren als eindrucksvolles Gesamterlebnis beschrieben worden. Es soll daher zum Schluß nochmals der Admonter Benediktiner Pater Tassilo Weymayr zu Wort kommen, der uns schon einmal als Bergfreund und Literat begegnet ist und der 1859 ein anschauliches Stimmungsbild zu Papier gebracht hat. „Die Großartigkeit der Umgebung" tut sich nach seiner Meinung dem Wanderer vor allem dann so richtig auf, „wenn ein frischer Morgenwind die gespenstischen Nebelbilder der Nacht verscheucht, wenn des Aethers heiteres Blau sich ausspannt über die Berghäupter und der duftende Wald belebt ist vom Liede der befiederten Sänger. Die Einsamkeit der Schlucht, das Brausen der Enns, die sich schäumend über die Felsblöcke hinabstürzt, die Waldbäche, welche vom Hochgebirge dem Flusse zueilen, zu beiden Seiten die himmelnahen Felswände und Kuppen ... Alles dies macht das Gesäuse zu einer der interessantesten Parthien des steirischen Alpenlandes."

DIE ÄBTE UND ADMINISTRATOREN DES STIFTES ADMONT

1074–1075	Arnold, aus St. Peter/Salzburg, Administrator
1075–1090	Isingrim, aus St. Peter/Salzburg, erster Abt
1090–1101	Giselbert, aus Hirsau
1104–1107	Heinrich I., aus Kremsmünster
1107–1112	Wecilo, aus Lambach
1112–1115	Otto, Prior und Administrator
1115–1137	Wolfold, aus St. Georgen/ Schwarzwald
1138–1165	Gottfried I., aus St. Georgen/ Schwarzwald
1165–1171	Liutold, erster Abt aus dem Admonter Konvent
1171–1172	Rudolf I., aus St. Lambrecht
1172–1177	Irimbert
1178–1189	Isenrik, aus Biburg
1189–1199	Rudolf II.
1199–1202	Johannes I.
1205–1207	Wolfram, aus Reinhartsbrunn
1207–1226	Gottfried II.
1226–1229	Wichpoto
1229–1231	Berthold I.
1231–1242	Konrad
1242–1259	Berthold II.
1259–1262	Friedrich
1262–1268	Ulrich I. Zant
1268–1275	Albert I.
1275–1297	Heinrich II.
1297–1327	Engelbert Pötsch, geb. um 1250, gest. 1331
1327–1338	Eckard Lauterbeck
1339–1359	Ulrich II. Welzer
1359–1360	Leo (von Püchel?)
1360–1361	Johannes II. von Ybbs
1361–1384	Albert II. Lauterbeck
1384–1391	Wilhelm von Reisperg
1391–1411	Hartnid Gleussner
1411–1423	Georg Lueger, aus Kremsmünster, gest. 1427
1423–1466	Andreas von Stettheim
1466–1483	Johannes III. von Trautmannsdorf
1483–1491	Antonius I. Gratiadei
1491–1501	Leonhard von Stainach
1501–1507	Michael Griesauer, gest. 1519
1508–1536	Christoph von Rauber, Kommendatarabt, zugleich Bischof von Laibach und Seckau
1536–1545	Amandus Huenerwolf
1545–1568	Valentin Abel, gest. 1575
1568–1579	Laurentius Lombardi, gest. nach 1586
1579–1581	Polydor von Montegnano, Administrator, gest. 1604
1581–1614	Johannes IV. Hoffmann, aus St. Lambrecht, geb. 1552
1615–1628	Matthias Preininger, aus St. Lambrecht
1628–1659	Urban Weber, geb. 1599
1659–1675	Raimund von Rehling, geb. 1617
1675–1696	Adalbert Heuffler von Rasen und Hohenbühel, geb. 1631
1696–1702	Gottfried III. Gold von Lampoding, geb. 1650
1702–1707	Marian Lendlmayr von Lendlfeld, geb. 1666
1707–1718	Anselm Luerzer von Zechenthal, geb. 1661
1718–1751	Antonius II. von Mainersberg, geb. 1674
1751–1779	Matthäus Offner, geb. 1716
1779–1787	Kolumban von Wieland, geb. 1735
1788–1818	Gotthard Kuglmayr, geb. 1754, gest. 1825
1818–1822	Abund Kunschak, Abt von Rein, Administrator, geb. 1753
1823–1861	Benno Kreil, bis 1839 Administrator, geb. 1779, gest. 1863
1861–1868	Karlmann Hieber, bis 1863 Administrator, geb. 1812
1869–1886	Zeno Müller, geb. 1818, gest. 1894
1886–1890	Guido Schenzl, bis 1890 Administrator
1890–1907	Kajetan Hoffmann, Administrator bis 1901, geb. 1840
1907–1935	Oswin Schlammadinger, geb. 1868, gest. 1953
1935–1956	Bonifaz Zölß, aus Kremsmünster, Apostolischer Administrator bis 1938, Abt-Koadjutor bis 1953, geb. 1875
1956–1978	Koloman Holzinger, aus Kremsmünster, geb. 1915
Seit 1978	Benedikt Schlömicher, geb. 1930

Zwischen 1101–1104 und 1202–1205 ist kein Abt oder Administrator nachweisbar. Guido Schenzl starb im selben Jahr (1890), in dem er nach vierjähriger Administratorstätigkeit die Abtwürde erlangt hatte.

Sämtliche Farbabbildungen stammen von Gerhard Trumler.

1. Auflage

Das Einband-Bild zeigt die Stiftsbibliothek mit 130.000 Bänden, 900 Inkunabeln und mehr als 1100 Handschriften.

Die Abbildungen auf Seite 2 zeigen von oben nach unten den hl. Blasius, eine Sandsteinskulptur des Klosterpatrons an der Westfassade der neugotischen Stiftskirche; die beiden Türme der Admonter Stiftskirche; die Kasel-Rückseite des 1680 vollendeten Weihnachtsornats, im Mittelstab Darstellungen des hl. Blasius und des hl. Benedikt; die auf Seite 3 von oben nach unten den Blick in die dritte Kuppel des südlichen Flügelsaals der Stiftsbibliothek, dahinter die Kuppel des Mittelraums und den nördlichen Flügelsaal; die Wallfahrtskirche Frauenberg von Westen; den oberen Teil eines Bücherschranks mit kirchengeschichtlichen Werken in der Stiftsbibliothek.

Die graphische Gestaltung des Werkes erfolgte durch Christian Brandstätter. Das Lektorat besorgte Anna Lorenz, die technische Betreuung Rudolf Metzger.

Das Buch wurde bei Carl Ueberreuter Druckerei Gesellschaft m. b. H., Korneuburg — SRZ, Korneuburg gedruckt und gebunden. Die Reproduktion der Abbildungen erfolgte bei Beissner & Co. in Wien, gesetzt wurde in der Walbaum, 10 auf 10 Punkt, im Filmsatzstudio Raggl in Wien.

ISBN 3-85447-290-0

Christian Brandstätter Verlag & Edition Gesellschaft m. b. H. & Co. KG
A-1080 Wien, Wickenburggasse 26 · Telephon (0222) 48 38 14—15